Karl Painer

Tatwaffe Messer

Karl Painer

TATWAFFE MESSER

VERTEIDIGUNG GEGEN STICHWAFFENATTACKEN

Leopold Stocker Verlag
Graz – Stuttgart

Umschlaggestaltung: Werbeagentur Rypka GmbH. A-8143 Dobl
Titelbilder: Vorderseite: istock.com/chaiyapruek2520 ;
Rückseite: links und rechts: Ernst Angerbauer, Mitte: Werbeagentur Rypka GmbH.
Bildnachweis: Alle Abbildungen stammen, so nicht anders angegeben, dankenswerterweise vom Autor. Die Illustrationen wurden realen Situationen nachempfunden und von Werbeagentur Rypka GmbH. gestaltet.

Bibliographische Information der Deutschen Nationalbibliothek
Die Deutsche Nationalbibliothek verzeichnet diese Publikation in der Deutschen Nationalbibliographie; detaillierte bibliographische Daten sind im Internet über http://dnb.d-nb.de abrufbar.

Hinweis:
Dieses Buch wurde auf chlorfrei gebleichtem Papier gedruckt. Die zum Schutz vor Verschmutzung verwendete Einschweißfolie ist aus Polyethylen chlor- und schwefelfrei hergestellt. Diese umweltfreundliche Folie verhält sich grundwasserneutral, ist voll recyclingfähig und verbrennt in Müllverbrennungsanlagen völlig ungiftig.

Auf Wunsch senden wir Ihnen gerne *kostenlos* unser Verlagsverzeichnis zu:
Leopold Stocker Verlag GmbH
Hofgasse 5 / Postfach 438
A-8011 Graz
Tel.: +43 (0)316/82 16 36
Fax: +43 (0)316/83 56 12
E-Mail: stocker-verlag@stocker-verlag.com
www.stocker-verlag.com

ISBN 978-3-7020-2015-6

Layout: Werbeagentur Rypka GmbH, A-8143 Dobl

INHALT

DANKSAGUNG

Mein Dank geht an Hubert Wörndle und Ernst Angerbauer von der Krav-Maga-Akademie, Nico Prosser und David 1902.

VORWORT

In den Corona-Lockdowns 2020 und 2021 hatte ich wenig zu tun und hing so, wie wohl der Großteil der Menschen, zuhause herum und verbrachte viel Zeit – es waren meist 8 bis 9 Stunden täglich – im Internet. Ich sah Tausende von Videos an, meist zur Thematik Kriminalität, und analysierte diese auch. Besonders fiel mir dabei auf, dass die Attacken mit Messern bzw. Stichwaffen trotz Lockdowns vermehrt vorkamen. So ergab es sich, dass ich ein umfangreiches Wissen anhäufte und die Daten zu Stichwaffen sammelte und archivierte. Ich bin der Meinung, dass man nur, wenn man wirklich sieht, was so im realen Leben vor sich geht, lernen kann, was tatsächlich Sache ist – und ich sehe mich als wohl ewig Lernender.

Ich hasse es daher, wenn ich als „Experte“ bezeichnet werde, da ich dabei immer an den „Experten“ der amerikanischen Polizei denken muss, der in Schulen unterwegs gewesen ist, um vor der Gefährlichkeit von Schusswaffen zu warnen. Es gibt auch ein tolles Video dazu, wo man sieht, dass er sich bei einer seiner Infoveranstaltungen dann selbst in den Fuß geschossen hat. Ich denke dabei aber natürlich auch an so einige Meister und Alleswisser, die jederzeit den großen „Experten“ raushängen lassen. Es gibt Tausende von Experten für schon alles, was ich so sehe, wenn ich das Internet durchforste. Ich bin einfach einer, der darüber informiert, was ich so von gewissen Dingen halte, und der Erlebnisse aus seinem reichen Erlebnisschatz zum Besten gibt, die für andere eventuell lehrreich sein können.

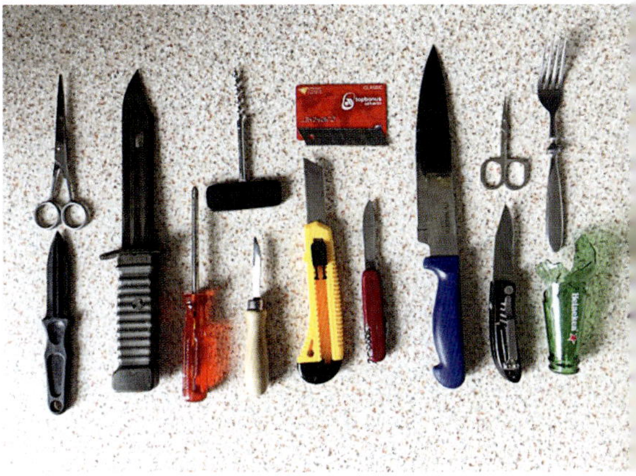

Stich- und Schneidewaffen

STATISTIKEN ÜBER DELIKTE MIT STICHWAFFEN

Österreich

Gemäß der österreichischen Kriminalstatistik für 2020 wurden 2.936 Delikte mit Stichwaffen zur Anzeige gebracht. Davon waren 29 Tötungsdelikte, was ein Anstieg zu 2019 ist, wo „nur“ 23 Morde mit Stichwaffen begangen wurden. Es gab 2019 insgesamt 2.469 angezeigte Delikte. 2018 waren es 2.249, 2017 2.481 und 2016 2.530. Zehn Jahre zuvor, also 2009, gab es nur 1.751 angezeigte Delikte.

Einige Daten möchte ich noch zu 2020 erwähnen. Am häufigsten wurde eine Stichwaffe für eine Gefährliche Drohung eingesetzt, nämlich 1.010-mal, 254-mal bei einer Nötigung, 261-mal bei einer Körperverletzung, 454-mal bei einer Sachbeschädigung, 267-mal bei einem Raub, 30-mal bei Widerstand gegen die Staatsgewalt, 11-mal bei einer Vergewaltigung und 270-mal gab es einen Verstoß gegen das Waffengesetz.

Das Tatmittel Messer wurde 2021 3.015-mal für kriminelle Delikte eingesetzt. Es gab zum Beispiel 496 Körperverletzungen, 1.027 Gefährliche Drohungen, 267 Nötigungen und 248 Raubüberfälle, bei denen eine Stichwaffe eingesetzt wurde. Im Vergleich wurde 2021 795-mal eine Schusswaffe und 1.182-mal eine Hiebwaffe (Stock, Hämmer, Äxte, Schwerter, Baseballschläger ...) bei kriminellen Delikten eingesetzt.[1]

Eingegangen in die österreichische Statistik von 2020 ist auch ein guter Bekannter von mir. Nämlich Franz G. aus Graz, er wurde mit 43 Jahren, am 10. November 2020, von einem 56-Jährigen im Streit erstochen. Es war eine nichtige Streiterei um eine Frau, welche zu der Bluttat führte. Franz hatte eigentlich den Tatort, das Wohnhaus des Täters, bereits verlassen, kehrte dann aber doch nochmal zurück und wurde im Stiegenhaus mit einem Küchenmesser (28 cm lang) durch einen Bauchstich verletzt. Franz starb kurz darauf im Krankenhaus. Der Täter wurde später (er hatte 19 Vorstrafen) zu lebenslanger Haft verurteilt.

Ich widme dieses Buch Franz. G, meinem ehemaligen Türsteherkameraden Günter L., der an der Türe erschossen worden ist, und meinem ehemaligen Jagdkommandokameraden Bert N., der im Sicherheitseinsatz im Irak entführt und ermordet worden ist. Weiters widme ich das Buch allen im Dienst von Messern und anderen Waffen verletzten Securitypersonen, Polizisten, Militärs und Einsatzkräften. Dieses Buch soll natürlich auch den privaten und an Sicherheit interessierten Menschen Gefahren bewusstmachen und vor allem zeigen, wie man mit Tätern mit Stich- und Schnittwaffen umgeht.

1 BMI – Bundesministerium für Inneres Österreich. Angeforderte Daten.

Österreich / Jänner bis Dezember 2020[2]	WAFFENVERWENDUNG				
	Gedroht	Mitgeführt	Schusswaffen	Stichwaffen	Hiebwaffen
§ 75 StGB (Mord)	1	1	16	29	6
§ 77 StGB (Tötung auf Verlangen)	0	0	0	0	0
§ 78 StGB (Mitwirkung am Selbstmord)	0	0	0	0	0
§ 80 StGB (Fahrlässige Tötung – Sonstige Fälle)	0	0	0	0	0
§ 81 StGB (Grob fahrlässige Tötung – Sonstige Fälle)	0	0	5	1	0
§ 83 StGB (Körperverletzung)	5	2	19	168	219
§ 84 StGB (Schwere Körperverletzung)	2	0	5	92	68
§ 85 StGB (Körperverletzung mit schweren Dauerfolgen)	0	0	0	1	1
§ 86 StGB (Körperverletzung mit tödlichem Ausgang)	0	0	0	0	0
§ 87 StGB (Absichtliche schwere Körperverletzung)	0	0	2	179	54
§ 88 StGB (Fahrlässige Körperverletzung – Sonstige Fälle)	1	1	16	22	4
§ 89 StGB (Gefährdung der körperlichen Sicherheit – Sonstige Fälle)	0	2	35	0	0
§ 91 StGB (Raufhandel)	0	0	0	9	20
§ 99 StGB (Freiheitsentziehung)	1	0	1	6	1
§ 102 StGB (Erpresserische Entführung)	1	0	1	0	0
§ 105 StGB (Nötigung)	9	3	17	62	30
§ 106 StGB (Schwere Nötigung)	42	8	55	192	9
§ 107 StGB (Gefährliche Drohung)	164	19	206	1010	148
§ 107a StGB (Beharrliche Verfolgung)	0	0	0	1	0
§ 107b StGB (Fortgesetzte Gewaltausübung)	3	0	4	16	7
§ 109 StGB (Hausfriedensbruch)	0	0	0	3	9
§ 125 StGB (Sachbeschädigung)	2	0	55	446	147

2 Quelle: BMI Bundesministerium für Inneres Österreich

Österreich / Jänner bis Dezember 2020[2]	WAFFENVERWENDUNG				
	Gedroht	Mitgeführt	Schusswaffen	Stichwaffen	Hiebwaffen
§ 126 StGB (Schwere Sachbeschädigung)	0	0	12	8	22
§ 129 StGB (Diebstahl durch Einbruch oder mit Waffen)	2	4	7	28	110
§ 131 StGB (Räuberischer Diebstahl)	0	0	0	20	1
§ 137 StGB (Eingriff in fremdes Jagd- oder Fischereirecht)	0	3	12	0	0
§ 138 StGB (Schwerer Eingriff in fremdes Jagd- oder Fischereirecht)	0	1	6	0	0
§ 142 StGB (Raub)	5	2	7	34	12
§ 143 StGB (Schwerer Raub)	48	4	57	213	33
§ 144 StGB (Erpressung)	2	1	3	1	1
§ 145 StGB (Schwere Erpressung)	3	0	3	1	0
§ 176 StGB (Vorsätzliche Gemeingefährdung)	0	0	1	1	0
§ 177 StGB (Fahrl. Gemeingefährdung)	0	0	0	0	0
§ 201 StGB (Vergewaltigung)	3	0	3	11	3
§ 202 StGB (Geschlechtliche Nötigung)	0	0	0	2	1
§ 206 StGB (Schwerer sexueller Missbrauch von Unmündigen)	0	0	0	0	0
§ 207 StGB (Sexueller Missbrauch von Unmündigen)	0	0	0	0	0
§ 222 StGB (Tierquälerei)	0	1	41	17	14
§ 269 StGB (Widerstand gegen die Staatsgewalt)	5	0	5	29	8
§ 270 StGB (Tätlicher Angriff auf einen Beamten)	0	0	0	1	0
§ 50 WaffG	35	172	258	270	409
Summe aller Straftaten mit Waffenverwendung	**334**	**224**	**852**	**2936**	**1337**

Österreich / Jänner bis Dezember 2021[3]	WAFFENVERWENDUNG				
	Gedroht	Mitgeführt	Schusswaffen	Stichwaffen	Hiebwaffen
Mord § 75	0	1	18	87[4]	9
Grob fahrlässige Tötung – Sonstige Fälle § 81	0	0	1	0	0
Körperverletzung § 83	3	2	13	175	160
Schwere Körperverletzung § 84	0	0	4	115	59
Körperverletzung mit Schweren Dauerfolgen § 85	0	0	0	1	1
Körperverletzung mit Tödlichem Ausgang § 86	0	0	1	0	0
Absichtliche schwere Körperverletzung § 87	1	2	6	176	63
Fahrlässige Körperverletzung – Sonstige Fälle § 88	1	0	13	15	4
Gefährdung der Körperlichen Sicherheit – Sonstige Fälle § 89	2	2	39	3	2
Raufhandel § 91	0	0	0	7	7
Freiheitsentziehung § 99	0	0	1	4	0
Erpresserische Entführung § 102	0	0	1	0	0
Nötigung § 105	8	2	11	81	20
Schwere Nötigung § 106	20	2	26	186	19
Gefährliche Drohung § 107	154	16	187	1.027	143
Beharrliche Verfolgung § 107a	1	0	1	1	0
Fortgesetzte Gewaltausübung § 107b	0	0	0	10	9
Hausfriedensbruch § 109	0	0	0	6	15
Sachbeschädigung § 125	2	3	39	493	151

3 Quelle: BMI Bundesministerium für Inneres Österreich

4 In diesem Jahr hat das BMI auch die Mordversuche zu den Morden dazugezählt!

Österreich / Jänner bis Dezember 2021[3]	WAFFENVERWENDUNG				
	Gedroht	Mitgeführt	Schusswaffen	Stichwaffen	Hiebwaffen
Schwere Sachbeschädigung § 126	0	1	1	11	5
Diebstahl Durch Einbruch Oder Mit Waffen § 129	2	4	6	26	90
Räuberischer Diebstahl § 131	0	0	0	16	2
Eingriff in Fremdes Jagd- Oder Fischereirecht § 137	0	1	26	3	0
Schwerer Eingriff in Fremdes Jagd- Oder Fischereirecht § 138	0	0	23	0	0
Raub § 142	4	0	4	28	11
Schwerer Raub § 143	35	5	42	220	47
Erpressung § 144	1	0	1	7	0
Schwere Erpressung § 145	4	0	4	6	1
Vorsätzliche Gemeingefährdung § 176	0	0	1	0	0
Fahrlässige Gemeingefährdung § 177	0	1	3	0	1
Vergewaltigung § 201	1	0	1	10	1
Geschlechtliche Nötigung § 202	0	0	0	3	0
Schwerer Sexueller Missbrauch von Unmündigen § 206	0	0	0	0	1
Tierquälerei § 222	1	0	73	12	6
Widerstand gegen die Staatsgewalt § 269	4	3	7	30	8
Tätlicher Angriff auf einen Beamten § 270	0	0	0	1	2
Waffengesetz § 50	39	158	242	255	345
Summe aller Straftaten mit Waffenverwendung	**283**	**203**	**795**	**3.015**	**1.182**

Deutschland

Aber zurück zu Statistiken: Da ich hoffe, dass sich für dieses Buch auch Interessenten aus Deutschland finden, möchte ich ein paar Daten von dort anführen.

Erst ab 1. Jänner 2020 wird das Phänomen „Messerangriffe" bundesweit in der PKS (Polizeilichen Kriminalstatistik) erfasst. Vor dem Hintergrund der zu beobachtenden Anstiege von Straftaten unter Verwendung des Tatmittels „Messer" hat sich die IMK (Innenministerkonferenz) auf ihrer 208. Sitzung vom 6. bis 8. Juni 2018 dafür ausgesprochen, als Grundlage für eine valide und verbesserte Darstellung der Kriminalitätslage und der daraus resultierenden Handlungserfordernisse Messerangriffe zukünftig bundeseinheitlich statistisch zu erfassen. Ja, die Bürokratie lässt sich bei gewissen Dingen oft Zeit.

Bis dahin haben Länder, welche Zahlen zu Messertaten an das BKA (Bundeskriminalamt) geliefert haben, Messerangriffe unterschiedlich definiert. Einige haben das Tatmittel Messer auch erfasst, wenn es zwar mitgeführt, aber nicht eingesetzt worden ist, also in der Hosentasche geblieben ist. Niedersachsen z. B. hat Stichwaffen registriert, wenn das Mitführen für eine mögliche Strafe relevant ist, z. B. bei Ladendiebstahl. Baden-Württemberg hat auch strafbare Handlungen erfasst, die im Zusammenhang mit einem Messer gestanden sind. Dabei ist zu berücksichtigen, dass das Tatmittel Messer in den aufgeführten Fällen nicht unbedingt zur Anwendung gekommen sein muss. Bremen dagegen hat mitgeteilt, dass die Stichwaffe schon registriert worden ist, sobald sie als Waffe eingesetzt worden ist, auch bei einem Versuch. Hierbei muss der Einsatz gegen Personen stattgefunden haben. In Nordrhein-Westfalen ist eine Stichwaffe nicht statistisch erfasst worden, wenn sie lediglich mitgeführt worden ist. Ausgenommen davon seien Straftaten im Sinne des Waffenrechts. In Sachsen, Thüringen und Rheinland-Pfalz haben die Daten gar nicht aus der Polizeilichen Kriminalitätsstatistik gestammt, sondern aus Abfragen in Datenbanken der Polizei. Dort lässt sich nach Worten wie „Messer", „Stichwaffe" oder „stechen" suchen.

Nun ein paar Zahlen. 2017 zählte man in **Niedersachsen** 3.757 Fälle, bei denen eine Stichwaffe eine Rolle spielte, 2018 waren es 3.754.

In **Berlin** wurden 2018 2.795 Straftaten mit Messern begangen, laut Berliner Polizei der höchste Wert seit Beginn der Auswertungen 2009. Zum Vergleich: 2013 waren es noch 2.512 Taten. Auch prozentuell betrachtet, belegt die Kriminalstatistik der Berliner Polizei den Anstieg der Messergewalt: 2009 wurden in 6,7 Prozent aller erfassten gefährlichen und schweren Körperverletzungen Messer als Tatmittel verwendet – 2018 bereits in 8,4 Prozent. Bei Raubüberfällen lag der Anteil 2009 bei 13,6 Prozent, 2018 bei 17 Prozent.

In **Thüringen** waren es 2013 noch 703 Angriffe mit Messern, 2018 waren es 986 Angriffe. Vier Angriffe wurden als Mord gewertet, zwölf als Totschlag.

In **Baden-Württemberg** gab es 2014 5.534 Messerstraftaten, 2018 waren es 6.073. Als Tatmittel „Messer" gelten in dieser Auswertung auch Ahle, Bajonett, Butterflymesser, Dolch, Haushalts- oder Küchenmesser, Klappmesser, Spring-/Fallmesser, Stilett und Taschenmesser. „Im Fünfjahresvergleich wird deutlich, dass die Fälle der Gewaltkriminalität unter Verwendung des Tatmittels Messer um 24,6 Prozent angestiegen sind“, sagte ein Sprecher des Ministeriums für Inneres, Digitalisierung und Migration Baden-Württemberg. „Hierbei fällt insbesondere der Anstieg zwischen den Jahren 2014 und 2016 um 32,5 Prozent auf. Darüber hinaus stiegen im Fünfjahresvergleich die gefährlichen und schweren Körperverletzungen im Zusammenhang mit dem Tatmittel Messer um 34,0 Prozent an und Fälle der Straftaten gegen das Leben um 23,6 Prozent.“

2013 gab es in **Hessen** 865 Körperverletzungs- und Tötungsdelikte mit Messern, 2018 waren es 1.212 Fälle.

Von Januar bis September 2019 lag die Anzahl der polizeilich erfassten Straftaten, bei denen mit einem Messer gedroht wurde, in **Hamburg** bei 712. In 313 Fällen wurde ein Messer als Tatwaffe eingesetzt. Die Gesamtzahl der Messerdelikte in Hamburg beläuft sich im oben genannten Zeitraum somit auf 1.025. Laut des Hamburger Senats gilt auf der Reeperbahn und rund um den Hansaplatz im Stadtteil St. Georg seit Jahren ein Waffenverbot.

Erst seit dem 1. Januar 2019 zählt die Polizei in **Dortmund** (NRW), bei wie vielen Straftaten ein Messer eingesetzt wurde. So gab die Polizei Dortmund bekannt, dass es zwischen Januar und November 2019 zu 350 Fällen gekommen ist, bei denen ein oder mehrere Tatverdächtige ein Messer oder andere spitze und scharfe Gegenstände als Tatwaffe verwendet haben. Davon haben in 91 Fällen die Tatverdächtigen durch das Waffengesetz verbotene Messer eingesetzt. Das könnten zum Beispiel Fall- und Springmesser sein, aber auch Butterflymesser oder Faustmesser. Entscheidend ist hierbei laut Bundeskriminalamt auch die Länge der Klinge. Dies ist jedoch nicht die Art Messer, die am häufigsten bei Straftaten benutzt wurde. In 239 Fällen wurde ein einfaches Küchen- oder Taschenmesser verwendet. In 20 weiteren Fällen wurden andere Stichwaffen benutzt.

2020 sind in **Nordrhein-Westfalen** insgesamt 5.700 Delikte mit Stichwaffen registriert worden. Dies bedeutet einen Rückgang um 20,5 Prozent gegenüber dem Jahr 2019, als 7.200 Fälle aktenkundig geworden sind. Das geht aus einem Bericht des NRW-Innenministers an den Landtag hervor. Das kann sowohl heißen, dass mit einem Messer gedroht wurde, als auch, dass Menschen damit verletzt wurden. Als Grund für den Rückgang nannte das Innenministerium „zumindest teilweise“ die Maßnahmen zur Eindämmung der Corona-Pandemie seit März 2020. Gewalttaten mit Messern erfordern „einen direkten Kontakt zwischen Täter und Opfer“. Diese Kontakte seien im öffentlichen und privaten Bereich im Vorjahr eingeschränkt gewesen, hieß es.

In gewissen Ländern wird auch die Herkunft der Täter genau aufgeschlüsselt. So z. B. in Baden-Württemberg, dort waren dem Innenministerium zufolge ab 2016 überproportional Flüchtlinge als Messertäter vertreten: 2016 waren es laut dem Bericht des BR (Bayrischer Rundfunk) 745 deutsche Tatverdächtige und 1.107 nichtdeutsche, darunter 588 Asylbewerber/Flüchtlinge, zitierte der Sender einen Ministeriumssprecher.[5]

5 Recherche über Google

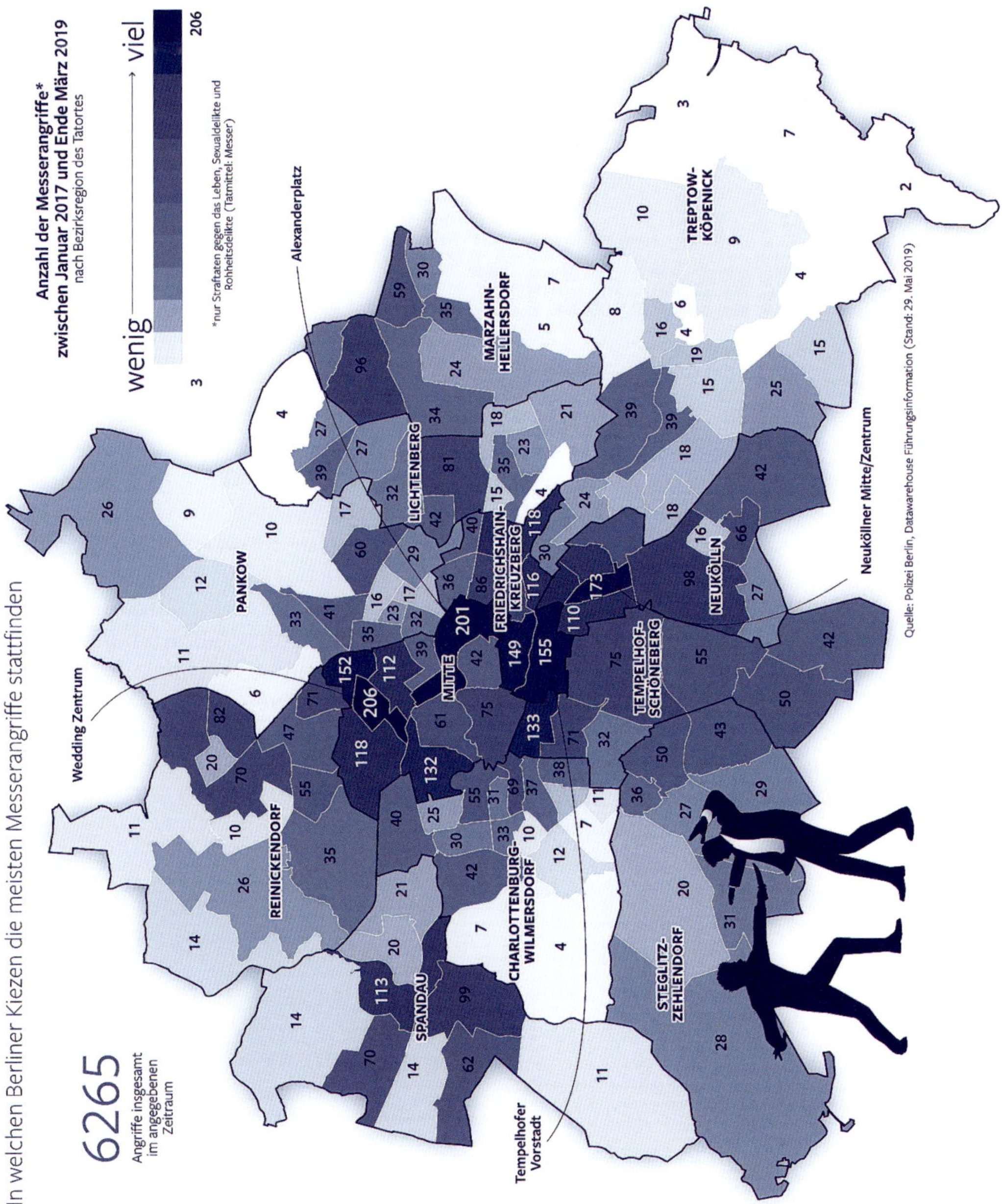

Quelle: https://www.morgenpost.de/berlin/article226239499/Messerangriffe-in-Berlin

TATWAFFE MESSER – FALLBEISPIELE

Verfolgt man zur Zeit die deutschsprachigen Medien, so stößt man dort Tag für Tag auf Vorfälle mit Messern. Generell häufen sich Vorfälle mit Messern weltweit. In England, wo von allen europäischen Ländern das strengste Messergesetz gilt, gibt es, europaweit gesehen, die meisten Vorfälle mit Messern und scharfen Gegenständen. 2020 waren es dort 48.038, vier von zehn Morden wurden dort mit einem Messer oder einem scharfen Objekt begangen. 2019 wurde sogar der ehemalige deutsche Nationalfußballer Mesut Özil das Opfer einer Messerattacke auf Londons Straßen, wovon es ein sehr gutes Video[6] gibt. In diesem Jahr erreichten die Strafdaten mit einem Messer oder einem scharfen Gegenstand in England und Wales einen Höhepunkt. Die Polizei zählte 48.524 Vorfälle. 2021 gab es „nur" mehr 43.574.[7]

Abgesehen vom Grund eines Überfalles wird aus teils nichtigen Anlässen ein Messer gezogen und auch eingesetzt. „Früher wurde geprügelt, heute wird gestochen", so der österreichische Innenminister Karl Nehammer im Frühjahr 2020 betreffs der Kriminalstatistik 2019. Immer mehr haben heutzutage ein Messer dabei. Es ist eine billige und teils legal leicht zu besorgende Waffe bzw. ein Alltagsgegenstand, den man fast überall bekommt. Bei vielen gilt es auch als Statussymbol: Wer hat das modernere, größere, teurere oder speziellere Messer?

Auch ich stellte in den letzten Jahren beim Arbeiten als Securitymann fest,

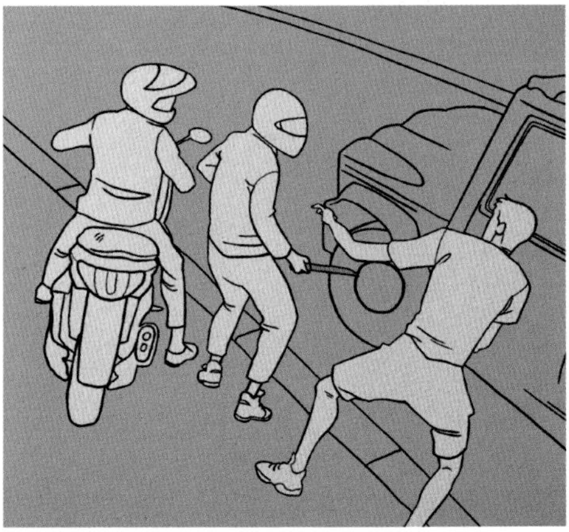

Attacke auf die Fußballprofis Mesut Özil und Sead Kolasinac in London. Der Messertäter deutet einige Schnitte zum Arm von Kolasinac an. Dieser begibt sich daraufhin in Gefahr und attackiert seinerseits den Mann. Gefährlich vor allem war dabei sein Griff nach der Messerklinge. Der Messertäter flüchtet daraufhin mit dem anderen Mann auf einem Mofa.

6 https://de.euronews.com/2019/11/07/video-messerangriff-ozil-und-kolasinac

7 https://de.statista.com/statistik/daten/studie/1016569/umfrage/anzahl-der-aufgezeichneten-straftaten-mit-einem-messer-in-england-und-wales/

dass immer mehr ein Messer mitführen bzw. mich und meine Kollegen damit auch bedrohen und attackieren. Fragt man die Messerträger, warum sie ein Messer dabeihaben, sobald sie das Haus verlassen, sagt der Großteil, weil eben alle ein Messer mithaben, habe man selbst eins zur Verteidigung gegen diese eben mit. Auch habe man so bessere Chancen gegen mehrere Angreifer, so die mehrheitliche Meinung. In einigen Kulturkreisen ist es völlig normal, Konflikte mit Messern auszutragen. So erklärte ein junger Afghane, warum er Mitte 2017 in Wien Favoriten einem Landsmann ein Messer besorgte, das anschließend im Bauch eines Tschetschenen landete, bei der Gerichtsverhandlung: „Er habe nicht gewusst, dass es in Österreich verboten sei, jemanden niederzustechen.“[8]

Vorfälle, wie eine Attacke auf einen Securitymann bei einem Supermarkt im deutschen Bremen am 13. Mai 2020, wo es um die Umsetzung von Corona-Vorschriften gegangen ist, entstehen aus nichtigem Anlass und häufen sich. Ein Mann weigerte sich, einen Einkaufswagen, dessen Benutzung damals Vorschrift war, zu nehmen, und stach im Zuge des Streites mehrfach auf den Security ein. Besonders traurig an dem Vorfall ist, dass der Täter seinen 4-jährigen Sohn dabeihatte. Der Security erlitt mehrere Stichverletzungen und wurde nur durch das Einschreiten von Zeugen vor gröberem Schaden bewahrt.

Aber es ist nicht immer ein Messer, das gewisse Leute so mit sich führen und auch einsetzen. 2017 tötete ein Somalier einen Türsteher in Bern/Schweiz mit einer kleinen Schere. Nach einer verbalen Auseinandersetzung versetzte er dem 32-jährigen Türsteher auf der Straße vor dem Club sieben teilweise tiefe Stiche in Kopf, Nacken und Brust. Der Türsteher des Clubs „Dead End“ starb drei Tage später im Spital an einer Hirnverletzung. Einer der Stiche war durch die Schädeldecke gedrungen.

Mehrere Vorfälle mit Messer prägen auch mein bisheriges Leben.

In späten Teenagerjahren, ich war damals Bäckerlehrling, geriet ich mit einem Gesellen in Streit, woraufhin ich diesen mit einem großen scharfen Arbeitsmesser attackierte. Ich wollte ihn in meiner blinden Wut in den Bauch und in den Oberkörper stechen. Der Geselle rettete sich aber durch Flucht und lief davon. Ich verfolgte ihn zwar, doch er war der schnellere Läufer. Ich bin heute sehr froh darüber, dass diese Situation am Ende nur mit kleineren Verletzungen endete (nähere Schilderung des Vorfalls im Inneren dieses Buches), waren wir doch eigentlich Freunde und der Anlass des Streites nichtig, es ging um „die Ehre eines Mädchens“.

Gleiche Firma, andere Zeit. Ja, es war eine erlebnisreiche Lehrzeit in dieser Firma. Dieses Mal wurde ich von einem anderen Lehrling mit einem großen Küchenmesser attackiert. Es war damals die Zeit des Kung-Fu und des Bruce Lee und ich trat dem Messerschwinger in Kampfstellung gegenüber und wollte ihm das Messer schließlich mit der Handkante aus der Hand schlagen. In den damals so beliebten Martial-Arts-Filmen sah das meist immer spielend einfach aus. Der Lehrlingskollege stieß aber das Messer schwunghaft in einer kurzen Bewegung schlagend auf mein Handgelenk, mit dem ich ihm das Messer aus der Hand schlagen wollte. Dort öffnete sich sofort eine ca. 5 cm lange, bis zum Knochen ge-

8 https://www.profil.at/oesterreich/kiminalitaet-trend-messer-tatwaffe-9312813

hende, tiefe Wunde. Schockiert starrten wir daraufhin beide auf die geöffnete, aber nicht blutende Wunde. Der Streit war daraufhin sofort vorbei und ich wurde später im Krankenhaus genäht, wo ich die Wunde als Arbeitsunfall angab.

Ich war damals in den späten Teenagerjahren mehrmals auch als Tramper unterwegs. Per Autostopp ging es da durch Südeuropa. Es war eine herrliche Zeit, geschlafen wurde im Schlafsack am Wegesrand oder am Strand. Da mir aber bereits einmal während des Schlafens jemand meinen Rucksack stehlen hatte wollen, schlief ich danach immer, bewaffnet mit einem geschlossenen Springmesser, im Schlafsack. Eigentlich idiotisch, dass das Messer geschlossen war, aber ich hatte damals noch keine Ahnung von Selbstschutz. Den Rucksack verwendete ich als Kopfpolster, gesichert am Schlafsack.

Ich schlief also mal wieder am Strand unter freiem Himmel, als ich zunächst ein Ziehen am Rucksack unter meinem Kopf spürte. Gleich darauf drückte mir aber ein Gewicht auf meinen Bauch und meine Brust. Als Nächstes waren da schon Hände um meinen vorderen Hals und versuchten, einen festen Griff an diesem zu bekommen. Rasch erfasste ich die Situation: Was ich so im Mondlicht sehen konnte, saß auf mir ein eher schmächtiger junger Mann, der mich mit beiden Händen würgte.

Der Würgegriff saß nicht gut, er raubte mir aber trotzdem den Atem. Ich drückte, soweit es möglich war, meinen Körper und meine Arme von innen gegen den Körper, der auf mir saß. Meine rechte Hand erspürte mein Springmesser, der Daumen drückte den Auslöser. Doch die Klinge konnte sich nicht richtig öffnen, also nicht einrasten, und ging nur wenige Zentimeter auf. Es war ein sich seitlich öffnendes Springmesser, das ich einst in Rom gekauft hatte. Ich spürte, dass die Klinge irgendwo im Inneren des Schlafsackes steckte. Während ich mit meinem Kinn gegen die würgenden Hände andrückte und so versuchte, den Griff nicht richtig schmerzhaft und wirkungsvoll werden zu lassen, versuchte ich, die Klinge nur mit den Fingern der rechten Hand zu öffnen und zum Einrasten zu bringen, was mir schließlich gelang. Sofort drückte ich mit dem Messer durch den Schlafsack nach oben, was sehr schwierig war, da ich nur wenige Zentimeter Platz hatte. Ich spürte, dass ich nicht nur den Widerstand des Schlafsackes durchstieß, sondern dann auf etwas traf.

Urplötzlich war das Gewicht von meinem Bauch weg und ich konnte wieder atmen. Der Angreifer, ich schätze, es war so wie ich ein später Teenager, stand jetzt ein paar Meter entfernt und hielt sich den linken Arm. Dazu schrie er wie am Spieß. Ich war erstmal überrascht, dass es so einfach gewesen war, den Jungen von mir runterzubringen, und frage mich heute noch, wie ich das geschafft habe, in dem engen Schlafsack das Messer einzusetzen. Rasch schälte ich mich aus dem Schlafsack und stellte mich, das Messer stichbereit, dem Jugendlichen gegenüber. Dieser schrie noch immer wie verrückt. Im Mondlicht sah ich, dass sich seine dunkle Haut am linken Unterarm noch dunkler verfärbte. Ich musste ihn dort irgendwo erwischt haben.

Von der Straße, welche am Strand entlangführte, sah ich schemenhaft Personen zu uns herlaufen. Der Würger schrie ihnen etwas zu und deutete auf mich. Es hörte sich für mich nicht gut an. Ich hörte irgendwie heraus, dass ich ihn „unschuldig" gestochen hatte. Ich wollte mich aber keiner Lynchjustiz aussetzen und raffte rasch meinen Rucksack, an dem der Schlafsack hing, zusammen und suchte das Weite. Später stellte ich fest, dass sich die Messerklinge stark verbogen hatte. Ja, es war ein billiges italienisches Springmesser gewesen, wie es sie damals zuhauf billig zu kaufen gegeben hatte.

Ich lief daraufhin sehr weit weg und machte die Nacht kein Auge mehr zu. An einigen Fingern der rechten Hand, speziell am Daumen, hatte ich mir durch das komplizierte Öffnen selbst auch Schnittwunden zugezogen. Seit diesem Erlebnis habe ich meine Sicherheitsvorkehrungen für das Schlafen im Freien verstärkt und baue mir mit Schnüren und Konserven meist eine Stolperanlage, die Lärm verursacht, sobald man diese auslöst. Auch habe ich ein Messer in einer Scheide verkehrt um den Hals an einer kurzen Schnur hängen. Das Messer kann ich links und rechts ziehen, was ich auch, im Schlafsack liegend, trainiert habe.

Es gab später eine Zeit in meinen Leben, in der ich sehr viel Zeit mit Qi-Gong-Kugeln (Meditationskugeln) herumlief. Diese zwei Metallkugeln aus der chinesischen Medizin, das Stück ca. 150 Gramm schwer und mit einem Durchmesser von 45 mm, werden in den Handflächen um sich selbst gekreist und dienen dazu, Akupunkturpunkte zu massieren und zum körperlichen Wohlbefinden beizutragen. Da ich bei meinem Kampfsystem von Beginn an ein Verfechter des Werfens von Gegenständen war, sei es zur Ablenkung oder als Waffe (mehr dazu später im Buch), trainierte ich auch das zielgenaue, effiziente Werfen der Kugeln. Ich verwendete dazu Tischtennisbälle. Ich ließ mich attackieren und warf die Bälle meinem Angreifer mit einer „richtigen Technik“ ins Gesicht. Nichts ahnend, dass ich das einmal brauchen würde, wurde ich dabei ziemlich gut. Eines Tages attackierte mich ein damals wohl unter Tabletten oder Drogen stehender Mann völlig grundlos. In seiner wirren Welt gab es aber sicher einen Grund, mich mit einem Cuttermesser (Stanleymesser) zu attackieren. „Painer, du Arsch. Ich stech' dich ab! Dir nützen deine ganzen Karatetricks nix, komm zeig', was du kannst!“, waren seine Worte, als er Schnittbewegungen mit der sehr scharfen, aber leicht abbrechbaren Klinge vor mir machte und versuchte, meine Hände und den Hals zu treffen. Ich wich mehrmals zurück und hätte eigentlich versuchen sollen, die Situation mit Worten zu beruhigen, so wie ich es normal bei „verwirrten Tätern“ empfehle. Stattdessen schnellte aber die erste Qi-Gong-Kugel mit enormer Wucht wie eine Pistolenkugel aus meinem Handgelenk. Aus ca. 2 Metern Entfernung traf sie auf die Stirn des Angreifers auf. Ich hatte schon die zweite Kugel abschussbereit, denn da man damit rechnen musste, dass die erste nicht exakt getroffen hatte bzw. doch danebengegangen sein konnte, musste die zweite möglichst rasch der ersten folgen. Aber wie in Zeitlupe ging der Teppichmesserschwinger zu Boden und blieb besinnungslos liegen. Auf seiner Stirn bildete sich eine tischtennisballgroße Beule. Ich zog „Drögerle“ dann noch in die stabile Seitenlage und machte mich von dannen. Es war nämlich nicht so gut, in einer Justizanstalt jemanden zu verletzen, und sei es noch so zu Recht.

Zu einer anderen Gelegenheit waren Alex und ich bei einer Musikveranstaltung als Securitymänner im Einsatz. Irgendwie wurden wir auf einen Tumult aufmerksam. Beim Näherkommen erfuhren wir, dass ein Typ ein Messer haben soll und einem anderen Mann einen Bauchstich versetzt haben soll.

Schnell standen wir einem Jugendlichen gegenüber, der cool und gekonnt ein Butterflymesser in seiner rechten Hand auf- und zuklappen ließ. Es gibt diese Auf-und-zu-Tricks, die man mit diesen Messer machen kann und die spektakulär aussehen. Und der Junge konnte das wirklich gut. Am Boden lag sein Opfer, welches wir aber ignorierten, unser Hauptaugenmerk galt dem Messerstecher. Alex machte eine seitliche Bewegung auf diesen zu, schrie „He du!" und lenkte ihn von mir ab. Ich packte von der anderen Seite zu, ergriff die Messerhand und drehte dem Täter das Messer aus der Hand. Sogleich war auch Alex bei ihm und fixierte ihn an den Oberarmen. Ich klappte das Messer zu und versorgte es in der Oberschenkeltasche meiner Uniformhose. Derartiges Vorgehen hatten wir bereits einige Male trainiert. Der Messerstecher wurde von uns in eine Ecke geschoben und musste von da an von uns geschützt werden, damit er nicht das Lynchopfer anderer wurde. Man bot uns sogar Geld an, sollten wir ihn den Freunden des Verletzten übergeben. Das Stichopfer wurde währenddessen versorgt, später übergaben wir den Täter der Polizei und um das Opfer kümmerte sich die alarmierte Rettung.

Andere Location und andere Securitykollegen: Aus einer Gruppe von Südländern wurde mir durch einen hinterhältigen Schlag das Jochbein gebrochen. Wir wurden nach einer Verfolgung dem Täter aber habhaft und wollten ihn unter Kontrolle bringen. Die Gruppe, bestehend aus fünf Personen, zog plötzlich Messer und Teleskopschlagstöcke und begann, uns drei Securitymänner zu attackieren. Security Bernd und ich sprühten mit unseren Pfeffersprays auf diese. Ein von Bernd Getroffener ließ vor Schmerz seinen Teleskopschlagstock fallen, begann, sich die Augen zu halten, und flüchtete. Auch die zwei Typen mit den Messern, welche ich eingesprüht hatte, flüchteten, obwohl mein Trefferbild nicht so gut war, wie ich meinte. Wir konnten nur den Typen, der mir das Jochbein gebrochen hatte, festhalten. Wir legten ihn in Handschellen (§80/2 StPO Österreich – Privatfestnahme) und übergaben ihn der herbeigerufenen Polizei. Später kam es zu einer Verhandlung, wo mir Schmerzensgeld zugesprochen wurde, um welches ich aber jahrelang kämpfen musste.

Es gab noch mehrere Vorfälle im Securityeinsatz, bei denen ein Messer gegen mich bzw. uns im Spiel war. Meist wurden wir bedroht und meist wurde dies so geregelt, dass wir bzw. ich uns ins Innere des Lokales zurückzogen, die Türe versperrten und die Polizei riefen. Bis diese kam, waren die „Messerdroher" aber auch meist verschwunden.

Wenn es nicht anders ging, stellte ich mich den Messermännern auch bewaffnet mit einem „richtigen" Regenschirm. Ich habe meist einen speziell für die Verteidigung geeigneten Regenschirm an der Türe bereitstehen. Mit dem Regenschirm (mehr dazu im Kapitel *Alltagsgegenstände zur Verteidigung*, S. 92) hielt ich die Messermänner (eigentlich waren es meist noch keine Männer, sondern oft ältere Teenager) auf Distanz und war zum Kampf bereit. Sie flüchteten eigentlich immer, wenn sie sahen, dass es für sie doch nicht so einfach werden würde, mich zu verletzen, und ich ihnen klarmachte, dass es besser ist, abzuziehen. Einmal schlug ich damit einem Jugendlichen das Messer sogar aus der Hand. Er flüchtete dann schnell ohne seine „Penisverlängerung" und ich hatte ein weiteres Messer in meiner Sammlung.

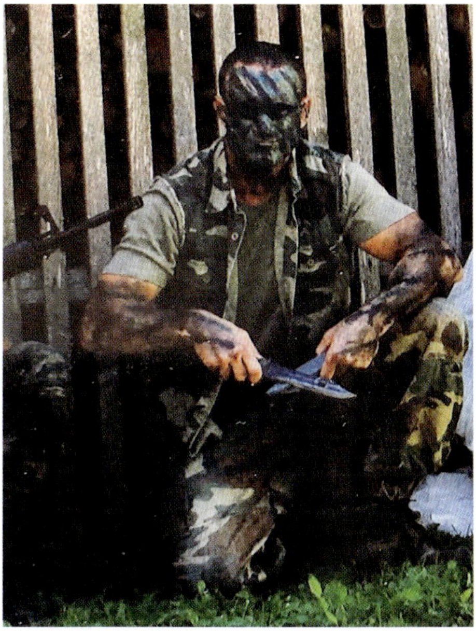

Ich mit einem KCB77 M9 Militär Kampfmesser, welches verbunden mit der Scheide auch als Drahtschere verwendet werden kann.

Einmal sah es aber für mich sehr böse aus, als ich einem Messermann mit einem Rottweiler gegenüberstand. Die Story dazu gibt's im Kapitel *Verteidigung mit (Behelfs-)Waffen*, S. 76, zu lesen.

Eine Story habe ich aber noch für dieses Kapitel. Ich hatte damals eine Freundin aus Ungarn, die, während ich beruflich im Ausland war, in einem Lokal von einem Mann sexuell belästigt und, als sie den Mann zurechtwies, von ihm geschlagen wurde. Nach meiner Rückkehr erfuhr ich davon und suchte daher nächtens mit ihr das Lokal auf, wo der Übergriff geschehen war. Sie zeigte mir daraufhin den Mann. Ich trat ihm wenig freundlich gegenüber und stellte ihn zu Rede. Es kam zu einem Handgemenge zwischen uns beiden. Plötzlich sah ich kurz Sterne und spürte Schmerzen am Kopf. Seitlich von mir stand ein anderer Mann mit einem Kerzenständer und wollte mich noch einmal auf den Kopf schlagen. Ich schob den Mann, der meine Freundin geschlagen hatte, zwischen uns und war somit vor den Schlägen von dem Mann mit dem Kerzenständer gedeckt. Ich löste mich danach von den beiden und wich einige Schritte zurück.

Da sah ich einen weiteren Mann gegen mich Front machen. Dieser hatte ein Messer in der Hand, es war ein sehr scharfes, langes Küchenmesser, wie ich später feststellte. Ich schnappte mir daraufhin einen Barhocker an der Sitzfläche und begann, damit energisch und kräftig mehrere X in die Luft und auf die drei Männer zu schlagen. Gleich mit dem ersten Schlag traf ich den Messermann am Kopf. Er stürzte mit einem Tisch um und das Messer fiel aus seiner Hand in eine Ecke. Ich schlug weiter wie ein Berserker auf die anderen ein. Tische und Stühle flogen und Glas zersplitterte. Jemand warf mit einer Flasche nach mir, die nicht traf. Auch eine Wasserpfeife zerschellte noch am Barhocker, den ich vor mir herumwirbelte. Ich wütete extrem und ließ meinen Gegnern keine Chancen. Es gab mehrere Treffer mit den Barhockerfüßen. Die Getroffenen wichen nur mehr zurück. In mein Auge rann Blut und raubte mir die Sicht.

Plötzlich lautes „Sofort Aufhören – Stopp!“ In das Lokal drangen Polizisten durch die Eingangstür. Die hatten keinen langen Weg zurücklegen müssen, denn gegenüber des Lokales war gleich ein Polizeiposten. Es wurden immer mehr, dafür wurden meine Gegner und andere Lokalgäste immer weniger. Die verzogen sich beim Anblick des ersten Polizisten gleich durch den Hinterausgang. Am Ende waren nur mehr der Lokalbetreiber, meine Freundin und ich übrig. Mir gab man ein Geschirrtuch, das ich auf die blutende Wunde über meinem Auge presste, und die Polzisten nahmen von uns Dreien die Daten auf. Ich begab mich dann ins Krankenhaus, wo man das Cut über dem Auge mit fünf Stichen nähte. Ich weiß bis heute nicht mehr, welches Auge es gewesen war, ich hatte ja mehrere Cuts in meinem Leben erhalten.

Später gab es dann zu dieser Causa eine Gerichtsverhandlung. Ich war wegen Sachbeschädigung angeklagt. Die anderen Beteiligten der Schlägerei konnten nicht eruiert werden. Der Betreiber der „Ali Baba Taverne" (Name geändert). wollte plötzlich 5.000,- € Schadenersatz für das zerstörte Inventar seiner Spelunke haben. Aber das Beste war, dass er vor Gericht behauptete, dass ich ihm damals auch eine wertvolle Goldkette gestohlen hätte. Da hatte der Richter aber genug

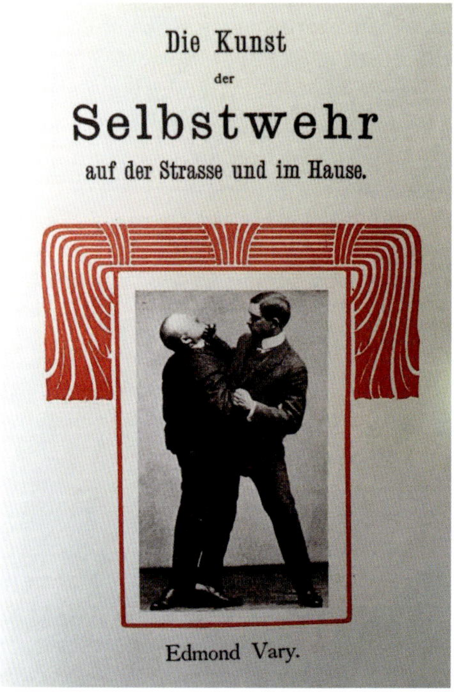

Bereits 1921 erschienen: *Die Kunst der Selbstwehr auf der Strasse und im Hause* **von Edmond Vary.**

von den Geschichten aus 1.000 und einer Nacht und ich wurde freigesprochen.

Neben den eigenen geschilderten praktischen Erlebnissen habe ich natürlich die Abwehr gegen Messer und ähnliche Gegenstände immer wieder in mein Securitytraining eingebaut, Interessierten gelehrt und beständig weiterentwickelt.

Was für mich aber das beste Lehrmittel über Messerattacken und Messerkampf ist, sind Realvideos von Überwachungskameras, Dashcams oder Handyfilmern. Letztere gibt es ja heutzutage immer und überall. Bei jeder Kleinigkeit wird schon gefilmt, was ja auch von Vorteil sein kann. Eine solche Dokumentation kann einen auch vor der Verurteilung retten. Securitykollegen filmten einmal einen Jugendlichen, der sich selbst so lange mit seiner Faust ins Gesicht schlug, bis er blutete. Danach rief er die Polizei und behauptete, die Securitymänner hätten ihn geschlagen. Ja, oft läuft es blöd, in dem Fall für den jungen Mann, denn er bekam eine Anzeige wegen Vortäuschen einer strafbaren Handlung.

Natürlich ist all das, was ich hier zum Besten gebe, nicht meine Erfindung und mein Know-how, ich versuche aber das Beste, was ich bei meinen Recherchen an „Tricks" finde, kompakt wiederzugeben. Schon 1921 gab es ein sehr gutes Buch zum Thema: *Die Kunst der Selbstwehr auf Strasse und im Hause* von Edmond Vary. Der Autor schreibt darin:

Es ist schwer, sich gegen eine Waffe zu verteidigen, aber durchaus nicht unmöglich, es ist aber auch schwer, eine Waffe richtig zu benutzen.

Er bezieht sich dabei darauf, dass sehr viele „Laien" eine Waffe benützen und nicht den optimalen Einsatz damit beherrschen. Was ganz meiner Erfahrung entspricht. Darum sage auch ich:

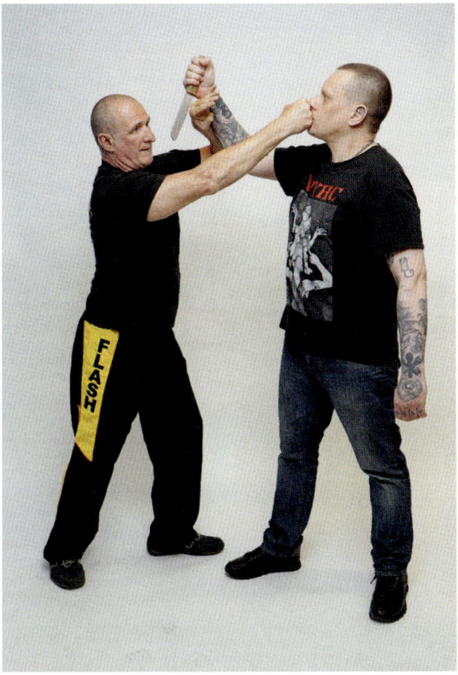

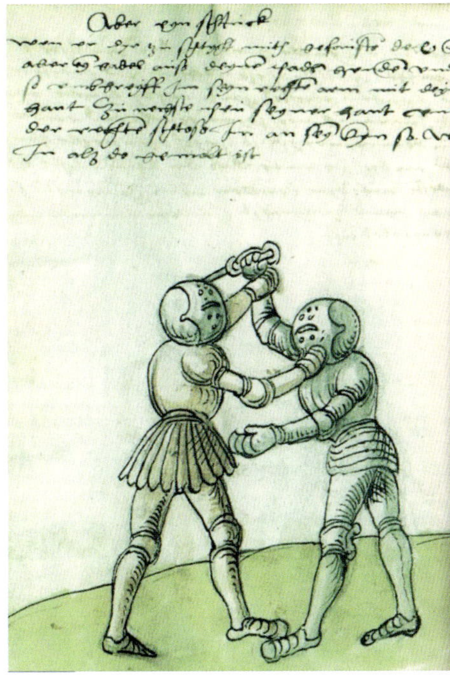

Aber es gibt noch ältere Bücher, welche sich mit dem Thema Verteidigung gegen Waffen und deren Handhabung beschäftigt haben. Links wird eine Technik von mir gegen einen Stich von oben geübt und das Bild rechts zeigt dieselbe Technik mit gleicher Abwehr aus einem Ring, *Fecht- und Kampfbuch* von Hans Czynner aus 1538.

Ihr habt sehr oft eine Chance, wenn Ihr wisst, wie, und es auch trainiert!

BEDROHUNGEN UND ATTACKEN MIT DEM MESSER

Generell kann man Messerbedrohungen und -attacken in vier Szenarien einteilen:

1. Die unvorhersehbare Attacke: Man wird „aus dem Nichts“ zufällig Opfer eines Amoklaufes oder man wird gezielt als Opfer ausgesucht.
2. Die vorhersehbare Attacke: Man selbst wird verbal attackiert und der Täter droht mit einer Stichwaffe bzw. man sieht Sekundenbruchteile vor dem Einsatz die Stichwaffe, wie sie der Täter zieht oder verborgen hält bzw. zum Einsatz gegen einen bringt.
3. Die Bedrohung: meist im Zuge eines Überfalls oder einer Nötigung
4. Die Nothilfe: Im Umfeld wird auf Personen (Passanten, Kollegen ...) eingestochen bzw. man wird zufällig Zeuge einer Tat mit einer Stichwaffe.

DIE UNVORHERSEHBARE ATTACKE

Von einer unvorhersehbaren, urplötzlichen Attacke spricht man, wenn man das Messer, meist nimmt man auch nur einen Schlag war, spürt bzw. Blut an sich sieht oder nach dem ersten Stich oder Stichen, die einen getroffen haben, das Messer sieht. Es gibt meist keine Fluchtmöglichkeit. Eventuell ist es intuitiv, durch natürliche Reflexe oder durch Training gelungen, die erste(n) Angriffe abzuwehren.

Heutzutage können Sie vermehrt Opfer von Amokläufern werden, die wahllos auf Passanten einstechen. Hier sind Sie einfach zur falschen Zeit am falschen Ort.

Genauso können Sie aber auch gezielt das Opfer einer Person werden, die Sie aus einem bestimmten Grund hasst. Sei es, dass sie in der Vergangenheit Probleme mit dieser Person hatten oder die Person hatte zunächst keine Waffe dabei und musste erst eine holen. Vor allem Securitys und Türstehern passiert es öfters, dass eine Person mit einer Waffe zurückkehrt und diese meist auch aus dem Hinterhalt einsetzt. In so einem Fall schützt immer eine gesunde Aufmerksamkeit am besten, vor allem, wenn Sie Feinde haben, denen alles zuzutrauen ist, bzw. wenn Sie in Berufen arbeiten, in denen Sie mit urplötzlichen Attacken rechnen müssen.

Ich kenne einen Taxifahrer, auf den urplötzlich mehrmals eingestochen worden ist. Ein Drogensüchtiger wollte ihn ausrauben. Normal nimmt man an, dass ein Täter sein Opfer vorher bedroht und Geld fordert. Leider ist das aber nicht immer der Fall, da viele Räuber ihr Opfer töten oder wehrlos sehen wollen. Ein Beispiel hierzu ist auch der von mir anfangs beschriebene und erlebte Überfall auf mich am Strand von Tanger. Der Taxifahrer trieb durch Abwehr und Widerstand den Täter, der später verhaftet wurde, in die Flucht und überlebte mit mehreren Wunden. Er wurde bei der Gegenwehr durch mehrere Stiche und Schnitte an den Händen verletzt. Der Täter setzte dabei ein 8 cm langes (Klingenlänge) Taschenmesser ein.

Am 25. Oktober 2020 stach auch eine 15-Jährige in Hannover mehrfach und plötzlich auf einen Taxifahrer ein und verletzte ihn dabei schwer. Die Jugendliche hatte ebenfalls geplant gehabt, den Taxifahrer zu berauben. Angreifer täuschen auch oft etwas vor, um in die Nähe des Opfers zu kommen. Sie reden sich heran, indem sie z. B. nach der Uhrzeit oder nach dem Weg fragen oder um Feuer bitten.

Daher sollten Sie niemanden, den Sie nicht kennen, näher als eine Armlänge und die Distanz von 20–30 cm (etwa die Länge eines langen Messers) Abstand an sich heranlassen.

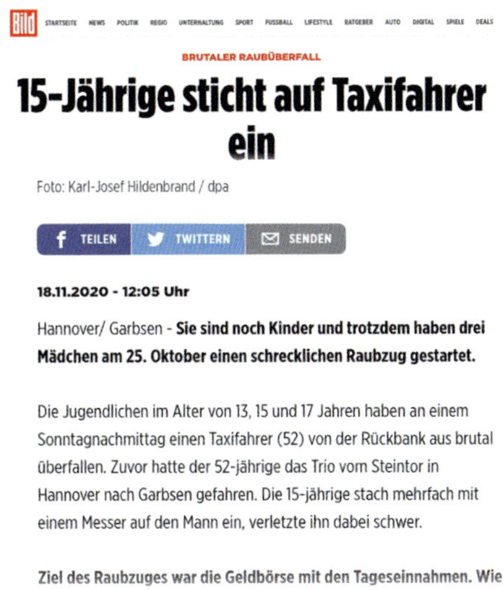

BRUTALER RAUBÜBERFALL

15-Jährige sticht auf Taxifahrer ein

Foto: Karl-Josef Hildenbrand / dpa

TEILEN TWITTERN SENDEN

18.11.2020 - 12:05 Uhr

Hannover/ Garbsen - **Sie sind noch Kinder und trotzdem haben drei Mädchen am 25. Oktober einen schrecklichen Raubzug gestartet.**

Die Jugendlichen im Alter von 13, 15 und 17 Jahren haben an einem Sonntagnachmittag einen Taxifahrer (52) von der Rückbank aus brutal überfallen. Zuvor hatte der 52-jährige das Trio vom Steintor in Hannover nach Garbsen gefahren. Die 15-jährige stach mehrfach mit einem Messer auf den Mann ein, verletzte ihn dabei schwer.

Ziel des Raubzuges war die Geldbörse mit den Tageseinnahmen. Wie

© Bild Zeitung vom 18. November 2020, Quelle: https://www.bild.de/regional/hannover/hannover-aktuell/brutaler-raubueberfall-15-jaehrige-sticht-auf-taxifahrer-ein-74007042.bild.html

DIE VORHERSEHBARE ATTACKE

Bei einer **vorhersehbaren Attacke** sehen Sie das Messer in der Hand des Täters. Er bedroht Sie z. B., „Sie abzustechen“, und fuchtelt eventuell mit dem Messer herum bzw. anhand einer verdächtigen Handhaltung erkennen Sie, dass der Angreifer ein Messer versteckt in der Hand führt. Auch hier ist das Wichtigste, durch Aufmerksamkeit frühzeitig für eine Attacke bereit zu sein bzw. zu fliehen. Also bringen Sie so schnell wie möglich Meter zwischen sich und den Angreifer!

Wie am Anfang erwähnt, wollte ich ja einst als Lehrling einen Gesellen mit einem extrem langen und scharfen Küchenmesser attackieren, doch er lief davon. Das war in der Situation das einzig Richtige und Beste, das er machen konnte. Später kam er aber mit einem Besen zurück, um sich mir zu stellen. Das ist das Nächstwichtige:

> **Können Sie nicht fliehen, so setzen Sie Gegenstände, wie Stühle, Stöcke, Regenschirme oder Waffen, zur Verteidigung ein und halten Sie damit den Angreifer auf Distanz oder versuchen Sie, ihn damit so zu verletzen, dass er Sie nicht mehr angreifen kann.**

Mir war damals das Messer vorher durch Zuseher abgenommen worden, aber trotzdem trug ich in meiner rechten Hand eine Waffe, einen Wurfstern, genannt „Shuriken“, der aus dem asiatischen Raum stammt. Er hat meist drei bis sieben Spitzen, meiner hatte, glaub ich, fünf, und wird meist gegen den „Feind“ geworfen. So ein Wurfstern bleibt aufgrund der Form immer stecken und kann dadurch großen Schaden anrichten. Ich trug diesen so in meiner Hand, dass die Spitzen zwischen meinen Fingern ca. 1–2 cm hinausragten. So bewaffnet, gingen wir aufeinander los. Stefan, so hieß der Geselle, schlug mit dem Besen auf mich ein. Ich überwand die Distanz zu ihm und schlug ihm mehrmals die Spitzen des Wurfsternes in den Kopf. Schließlich lief Stefan wieder davon und ich blieb mit blutender und schmerzender rechter Hand zurück, da sich die Spitzen der Waffe durch die Wucht meiner Schläge tief in meinen Handballen und auf der Handrückseite zwischen Daumen und Zeigefinger reingebohrt hatten. Das Resümee war, als Stefan und ich später Frieden schlossen und wir unsere Wunden verglichen, dass ich mich selbst schwerer verletzt hatte als ihn. Es hätte aber auch für Stefan böse enden können, wenn ich ihm den Shuriken z. B. ins Auge oder in die Halsschlagader geschlagen hätte.

Es kommt immer wieder vor, dass sich der Messerstecher selbst an der Hand, mit der er mit dem Messer zusticht, verletzt. Wie schon erwähnt, können wenige mit einem Messer umgehen und sind sich nicht bewusst, wie sich der Aufprall anfühlt, wenn das Messer in den menschlichen Körper eindringt oder auf Knochen trifft. Wenn das Messer keine Parierstange (Parierelement) hat und das Messer nicht fest genug gehalten wird, kann es passieren, dass man nach vorne in die Klinge rutscht und sich die Handfläche aufschneidet. Auch ist es schon vorgekommen, dass sich der Messerstecher im Trubel des Kampfes in die Hand, mit der er sein Opfer festhält, sticht oder schneidet.

In so einer Situation, wo einem der Angreifer also mit dem Messer in der Hand

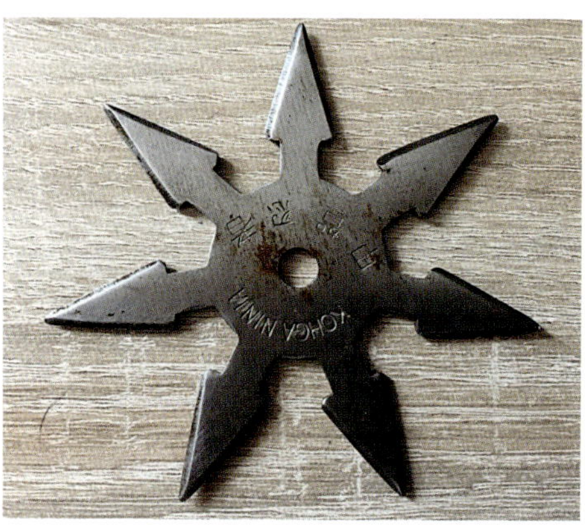

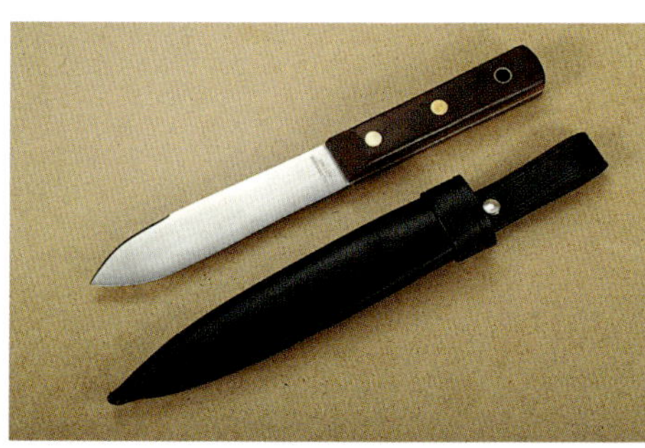

Ein Shuriken mit sieben Zacken (links) und ein Messer ohne Parierstange (rechts)

gegenübersteht, evtl. bereits Stiche tätigt, die aber in die Luft gehen, sollte man, wenn es die Zeit zulässt, auch noch mit der Waffe „Stimme“ arbeiten.

Sprechen Sie beruhigend auf den Angreifer ein.

„Überleg dir, was du tust, verpfusche dir nicht dein Leben ...“, „Wir können das sicher friedlich regeln!“, so beruhigte ich meist die Messerhelden, die bei Jobs als Security ein Messer gezogen haben.

Die Deeskalation der Situation sollte vor einem Abwehrversuch, der eventuell schiefgehen könnte, immer Vorrang haben.

Natürlich war ich da meist bereit, auf eine Attacke zu reagieren, indem ich den Pfefferspray oder den Regenschirm in der Hand hatte. Und es wirkte fast immer. Geben Sie dem „Droher“ immer eine Chance für einen ehrenhaften Rückzug (damit er sein Gesicht wahren kann). Etwa „Du bist ja ein vernünftiger Mensch und wir können das auch anders regeln“, „Entschuldige bitte, wenn du das falsch aufgefasst hast, tut es mir leid!“, um noch weitere Dialoge zu erwähnen. Falsch wäre es, den „Droher“ noch mehr in Rage zu versetzen. „Dich zeige ich an“, „Dafür kommst du in den Knast“, „Traust dich eh net, zu stechen“. Letzteres war schon oft ein schwerer Fehler, denn aus einem Angreifer, der vielleicht nur drohen wollte, wurde dann, damit er sein Gesicht nicht verliert, doch ein Stecher. Ich kenne da selbst Täter, die durch solche Sätze immer wütender geworden sind und genau aus dem Grund zugestochen haben, damit sie nicht als Feiglinge dastehen.

DIE BEDROHUNG

Kommt es zu einer Bedrohung im Zuge eines Überfalls, einer Nötigung oder einer Vergewaltigung kann dem Opfer auch die Messerklinge angesetzt werden, wie an den Bauch oder den Hals. So ist es hier meist ratsam, dem Täter Geld, Handy oder Uhr zu geben. Diese Werte sind zu ersetzen, was aber von der Gesundheit oder dem Leben, das man bei falscher Gegenwehr aufs Spiel setzt, nicht der Fall ist. Übergeben Sie das Geforderte und merken Sie sich Wesentliches zum Täter, wie Größe, Alter, Merkmale und Kleidung, speziell die Schuhe können wichtig sein.

Es gab bis jetzt noch nie einen Täter, der nach einem Überfall sofort seine Schuhe wechselte. Diesem Phänomen kam ich durch das Studieren von Banküberfällen auf die Spur, in dessen Zusammenhang mein Buch *Überfall, Geld her!* entstanden ist. Dieses Wissen ist auch in meinem Kursprogramm für Banken enthalten und ich neige zu der Einbildung, das seither auch die Polizei bei Fahndungsaufrufen immer die Schuhe des Täters speziell erwähnt.

Wichtig ist aber, dass Sie, nachdem Sie dem Täter das Geforderte übergeben oder ihm (vor Angst) zu Füßen fallen haben lassen, einfach davonlaufen und sich in Sicherheit bringen.

Das Fallenlassen z. B. der Geldtasche auf den Boden kann helfen, sich in Sicherheit zu bringen. Sie sollten aber immer damit rechnen, dass der Täter doch das Messer einsetzt und Sie verletzen will, obwohl Sie seine Wünsche erfüllt haben.

Allerdings liegt es in der Natur des Menschen, sein Eigentum nicht so einfach herausrücken zu wollen, noch dazu, wenn der Täter womöglich ein drogensüchtiges Milchgesicht mit Fliegengewicht ist. Das Heiligtum des Menschen unserer Zeit, sein Handy, gibt man auch nicht kampflos her, darum verteidigt man es und sich. In den meisten Fällen ist es dennoch klüger, das Handy kampflos herzugeben und sich in Sicherheit zu bringen.

Im Zuge von Vergewaltigungen kann es auch vorkommen, dass der Täter sein Opfer mit einem Messer bedroht. In diesem Fall wird er das Messer aber nicht die ganze Zeit in der Hand haben, sondern es während der Tat neben sich legen. Eventuell ergibt sich daraus eine Chance zur Gegenwehr.

Opferbrieftasche

Eine gute Idee, das Hab und Gut bei einem Überfall zu schützen und dem Täter dennoch eine Beute geben zu können, ist die so genannte „Opferbrieftasche“. Ich habe z. B. meist in Krisenregionen eine solche dabei. Sie beinhaltet einen minimalen Bargeldbetrag und Fake-Dokumente, wie alte Club-Bankkarten, die ich bei einer Bedrohung sofort dem Täter übergebe. Wurde ich also bei einem Überfall meinem Eigentum entledigt – und sei es nur die „Opferbrieftasche“ (spätere Opfer haben vielleicht kein Glück bei einem Überfall dieses Täters) –, so sollte ich so rasch wie möglich, wenn ich geflüchtet bin, die Polizei alarmieren und die Personenbeschreibung, die Fluchtrichtung und den Tatort mitteilen.

> Der Euronotruf ist übrigens 112!

DIE NOTHILFE

Was die Nothilfe anderer bedrohter oder bereits durch Stichwaffen verletzter Personen betrifft, so haben Sie hier meist den Vorteil, dass der Täter nicht auf Sie fokussiert, sondern mit dem Opfer beschäftigt ist. Sie können sich dem Täter zunächst meist unbemerkt von hinten oder der Seite nähern und haben Zeit, Gegenstände, die Ihnen dienen könnten, zu greifen und zum Einsatz zu bringen. Ich habe mehrere Videos gesehen, in denen Gegenstände, wie Sessel, Stöcke oder Feuerlöscher, erfolgreich zur Neutralisierung von Amokläufern bzw. Tätern eingesetzt worden sind.[9]

Wichtig ist auf jeden Fall bei allen Szenarien und Vorfällen, nicht zu früh zu glauben, dass eine Situation beendet sei. Der Messerheld, der einen zunächst bedroht hat, geht vielleicht weg, da Sie ihn in einem Dialog überzeugt haben, dass dies das Beste wäre. Aber er könnte auch zurückkommen und es noch einmal versuchen und aus dem Hinterhalt zustechen. Oder der schon Entwaffnete zieht

9 https://www.youtube.com/watch?v=6BK-0Lwb_t4

plötzlich ein weiteres Messer. Die Attacken aus dem Hinterhalt, nachdem man glaubt, die Gefahr sei vorbei, kommen gar nicht so selten vor.

Daher immer außerhalb Ihrer relativ sicheren „Safe-Plätze" (Zuhause und andere sichere Orte, wie Ihr verschlossenes KFZ, in der Nähe von Polizisten ...) aufmerksam sein!

Hier ein Beispiel vom 11. Jänner 2002 aus Krems/Niederösterreich vom Parkplatz einer Diskothek. Weil er kein Feuer bekam, stach ein 22-Jähriger mit einem Klappmesser auf ein Liebespaar ein. Schwerverletzt holte das Mädchen den Türsteher. Dieser entwaffnete den Messerstecher und glaubte, die Situation unter Kontrolle zu haben. Er telefonierte gerade mit Rettung und Polizei, als der Täter ein weiteres Klappmesser zückte und es dem Türsteher in den Rücken rammte. Das war wohl ein großer Fehler, dass der Türsteher so leichtsinnig gewesen war und dem Täter den Rücken zugewandt hatte. Erst mit Warnschüssen und Pfefferspray durch die Exekutive konnte der Amokläufer später überwältigt werden. Alle drei Opfer wurden schwer verletzt und konnten nur durch Notoperationen gerettet werden. Oft haben Täter noch ein „Ass" im Ärmel oder Freunde bzw. Mittäter springen helfend ein.

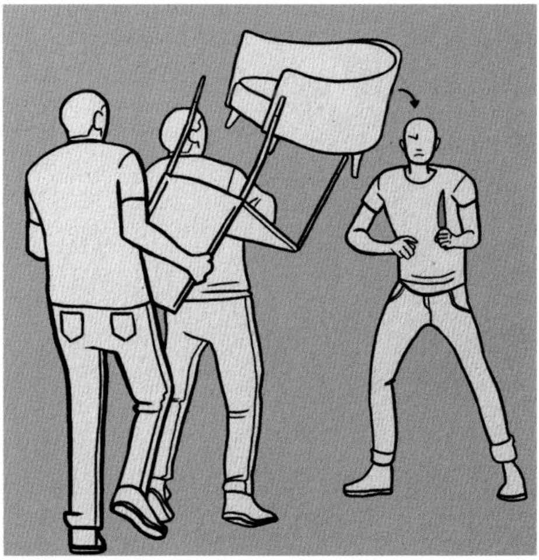

Hier wurde ein Attentäter von Passanten mit Sesseln attackiert und von anwesenden Zivilfahndern überwältigt. Er hatte zuvor aus einem Supermarktregal ein Küchenmesser genommen und unter „Allahu Akbar!"-Rufen, eine Person getötet und vier schwer verletzt. Hamburg, 28. Juli 2017.

Ein Beispiel bzgl. Nothilfe und zwei Messer vom März 2021. Ein 17-Jähriger geriet auf der Zugstrecke zwischen Klosterneuburg und Tulln (Österreich) mit dem Zugschaffner (54) in Streit, weil er sich weigerte, einen Mund-Nasen-Schutz zu tragen, und auch kein Ticket hatte. Plötzlich attackierte der 17-Jährige den Schaffner mit einem Messer. Es griffen zwei Zeugen ein, wobei ein 29-jähriger Zeuge leichte Schnittverletzungen an einer Hand erlitt. Eine Zeugin soll dabei dem Täter das Messer aus der Hand geschlagen haben, woraufhin der Täter aber ein zweites Messer gezückt und weiter auf den am Boden liegenden Schaffner eingestochen hatte. Es kamen zwei weitere Zeugen hinzu, denen es dann gelang, den Täter zu fixieren. Am nächsten Bahnhof in Tulln wurde der Täter dann der Polizei übergeben. Das schwerverletzte Opfer wurde noch im Zug von einer anwesenden Ärztin versorgt.

FAKTOREN VON STICHWAFFENATTACKEN

„Wenn Dich jemand mit einem Messer angreift, dann hast Du sowieso keine Chance!“, so die Meinung vieler. Auch gewisse „Kampfsport-Experten“ sind dieser Meinung. Also soll ich, wenn jetzt jemand auf mich einsticht, das einfach zulassen? Oder soll ich mein Leben und meine Gesundheit so teuer wie möglich verkaufen? Wofür lernen dann überhaupt Kräfte von Polizei, Militär und diverse Kampfsysteme die Messerabwehr, wenn es von Haus aus sinnlos ist, sich dagegen zu verteidigen?

Ich muss bei so einer Meinung, wie „Du hast keine Chance“, immer an das Enthauptungsvideo aus Tschetschenien denken, welches ich gerne – meist zum Entsetzen der Teilnehmer – bei meinen „Anti-Terror-Kursen“ zeige. Darin sieht man, wie fünf russische Teenagersoldaten auf allen Vieren knien oder am Bauch im Gras liegen. Hinter ihnen steht ein Mann mit einem langen Kampfmesser, welcher die jungen Männer, einen nach dem anderen, am Kopf nach hinten zu sich zieht, ihnen dabei mit den Fingern in die Augen fährt und ihnen die Kehle durchschneidet. So werden zwei junge Männer grässlich und ohne jede Art von Widerstand ermordet. Dem dritten ist schon das Messer in den Hals gestochen worden, als dieser sich plötzlich aufrappelt, den Halsabschneider nach hinten wegdrückt und zu laufen beginnt. Die herumstehenden Tschetschenen sind zunächst völlig perplex. Der Flüchtende läuft daraufhin auf ein nahes Wäldchen zu. Da erst beginnen die ersten, ihm nachzuschießen, aber der Flüchtende verschwindet im Wald. Trotz dieses erfolgreichen Widerstandes mit Flucht lassen sich die zwei verbliebenen Soldaten widerstandslos noch ihre Kehle durchschneiden.

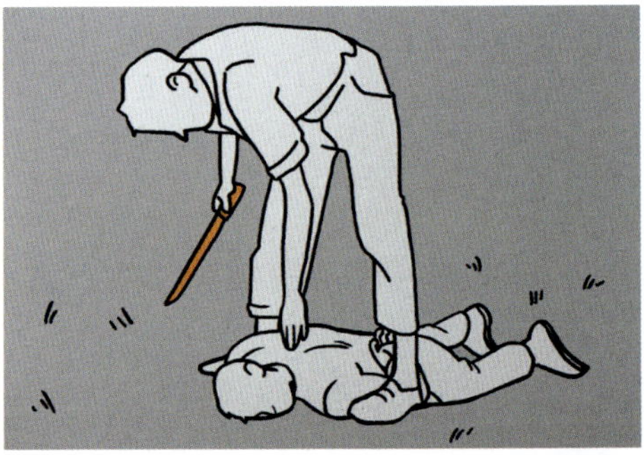

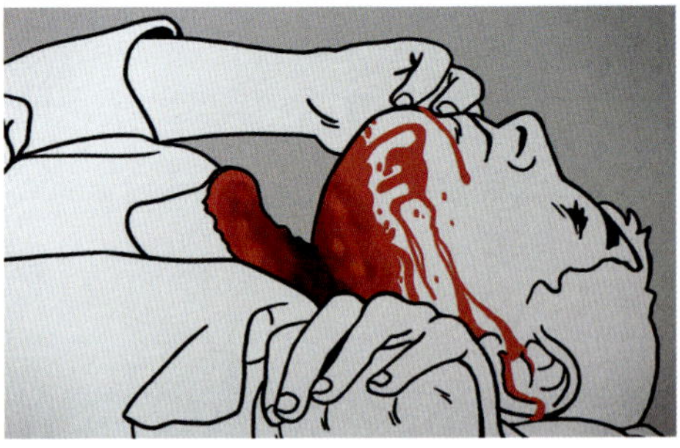

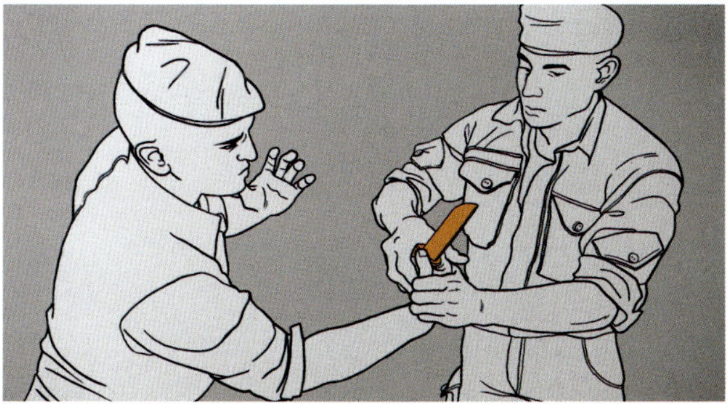

Soldaten der Fremdenlegion beim Messerkampftraining

Nachdem ich mich über 40 Jahre mit der Materie Messer und den Attacken damit, aber auch mit dem eigenen Angriff damit beschäftige und, wie bereits erwähnt, noch immer ein Lernender bin, sehe ich verschiedene Faktoren, die für das Überleben bzw. Ausbleiben von Verletzungen bei einer Messerattacke sorgen.[10]

Speziell in der heutigen Zeit ermöglichen das Internet, Handykameras und die Vielzahl an Videoüberwachungen die Analyse von Messerattacken. Alleine auf Youtube findet man unter „Knife attack" Tausende von Videos. Von diesen kann man enorm viel über das Vorgehen der Täter sowie das Verhalten mit oder ohne Abwehr der Opfer lernen. In der Securitycommunity, in der ich mich bewege, erhalte ich auch immer wieder Zugang zu Überwachungsvideos aus Lokalen und Body-Dashcams. So bilde ich mich regelmäßig zu diesem Thema weiter und lerne dabei nie aus.

GEFÄHRLICHKEIT UND KÖNNEN DES ANGREIFERS

Zwei Hauptfaktoren von Stichwaffenattacken, die ich dabei immer wieder sehe und die zu berücksichtigen sind, sind die Gefährlichkeit und das Können des Angreifers.

> Gegen einen trainierten Messerkämpfer sollten Sie sich wenig Chancen ausrechnen. Können Sie nicht flüchten, werden Sie sich aber trotzdem verteidigen!

Dennoch, wie bereits oben erwähnt, ich kämpfe bis zum letzten Atemzug.

Wenige der Täter können mit einem Messer tatsächlich umgehen. Sie stechen meist planlos, was aber dennoch sehr energisch sein kann, oft wild und konfus zu (Berserkerangriff), was sie aber genau deshalb auch extrem gefährlich machen kann. Viele stechen oft nur einmal zu – das ist meist ein Bauch- oder Halsstich – und lassen es dann sein. Andere wieder setzen mehrere Stiche, während Schnitte eher weniger geführt werden.

10 https://www.youtube.com/watch?v=t0esWbSK6kw&t=243s

DAS MOTIV

Ein weiterer wesentlicher Punkt ist das Motiv des Täters. Will er eine Person überfallen, will er nur drohen, ist es ein Amoklauf oder eine persönliche Angelegenheit, will er eine Frau vergewaltigen oder Ähnliches?

DIE WAFFE

Auch spielt bei der Frage nach dem Täter auch die Art der Waffe bzgl. des angerichteten oder anzurichtenden Schadens eine große Rolle. Kleine Taschenmesser mit einer Klingenlänge von 5–10 cm richten meist nicht so einen großen Schaden an wie militärische Kampfmesser oder spezielle Küchenmesser. Wobei aber, richtig eingesetzt, schon eine Glasscherbe oder ein Nagel einen Menschen töten kann.

Einem Securitykollegen von mir wurde einst mehrmals in den Bauch gestochen, die Klinge war um die 8 cm lang. Da der Security eine dicke Jacke, aber auch eine dicke Speckschicht am Bauch hatte, gab es nur kleine ungefährliche Fleischwunden.

An diesem Beispiel ist zu sehen, dass auch die Kleidung eine Rolle spielen kann. Gewisse Messer können, wenn man viele Schichten trägt, darin mit der Parierstange hängenbleiben.

Prinzipiell spielt die Art des Messers eine große Rolle, wie gefährlich es werden kann, wobei es bei einem Experten im Messerkampf fast egal ist, welche Art von Messer er einsetzt, für den Verteidiger sieht es immer böse aus.

DIE VERFASSUNG DES ANGREIFERS

Neben dem Können und der Waffe des Angreifers spielt auch seine Verfassung eine große Rolle. Gegen einen schwer Betrunkenen oder Bekifften lässt es sich teilweise leichter agieren als gegen jemanden unter aufputschenden Drogen. Einem Älteren mit Messer kann ich wahrscheinlich leichter entkommen bzw. ihn überwältigen als einen trainierten Sportler.

Auch ist die Verteidigung gegen ein Mädchen oder eine Frau sicher leichter als gegen einen erwachsenen Mann. Aber man darf generell niemanden unterschätzen: Ich habe im Archiv Belege von 15-jährigen Mädchen, die zustachen und z. B. auch Männer schwer verletzten, oder Frauen, die Männer mit einem Messer töteten. Sogar ein Video von einem 12-Jährigen, welcher einen Polizisten in Belgien von hinten zweimal in den Rücken gestochen hat, habe ich in meiner Sammlung!

Eine Rolle kann auch der Körperbau von Angreifer und Verteidiger spielen, was ich oft auf Videos zu sehen bekomme. Körperlich schwere, große und kräftige Personen haben es bei einer Verteidigung leichter gegen körperlich kleine und leichte Typen. Sehr oft spielt in diesem Zusammenhang auch die Reichweite eine Rolle. Wenn die Messerklinge nur 10 cm lang ist, das Opfer aber eine viel längere Armlänge hat, so wird es für den Angreifer schon schwierig, die größere Person zu stechen oder zu schneiden.

Ein Freund von mir wurde mal vom Freund (mittlerweile Ex-Freund) seiner Tochter mit einem Messer attackiert. Mein Freund ist an die 190 cm und um die 110 kg schwer und machte mit dem Bürschchen von 70 kg und 165 cm kurzen Prozess.

„So schnell hat der gar nicht schauen können, hab' ich den mit einer Ohrfeige in die Ecke gelegt", war seine Aussage zu dem Vorfall.

DAS EIGENE KÖNNEN

Wenn Sie sich mit dem Thema Messerkampf-Abwehr bereits beschäftigt und einige Techniken zur Messerabwehr zur Perfektion trainiert haben, so haben Sie gute Chancen, gegen einen „halbstarken Blender" mit Messer zu bestehen und schlimmstenfalls nur mit kleineren Wunden davonzukommen.

Demnach spielt die eigene Verfassung eine ebenso wichtige Rolle. Sind Sie müde, leicht betrunken, körperlich verausgabt oder durch Kleidung beeinträchtigt, so fällt es Ihnen schwerer, reflexartig rasch zu agieren, als wie wenn sie ausgeruht und hellwach sind.

Die Faktoren des Umfeldes spielen ebenfalls eine Rolle, wie Lichtverhältnisse, Bodenbeschaffenheit, sperrige Möbel im Umfeld, man sitzt im Auto, in der U-Bahn (ich habe dank Videoüberwachung viele Videos von Attacken dort gesehen) oder man ist wo beengt, wie in einem Aufzug (mittlerweile sind auch viele videoüberwacht).

DIE FLUCHT

Der wichtigste Faktor überhaupt ist die Flucht. Kann ich mich einer Auseinandersetzung durch Flucht entziehen, so mache ich es.

> Das wäre das absolut Beste, denn „ein Kampf, der nicht stattfindet, ist ein gewonnener Kampf".

Die Flucht sollte immer an erster Stelle stehen, erst dann kommt die Frage, womit Sie sich verteidigen können (Hilfsmittel, eigene Waffen), was Sie mit dabeihaben, was Sie aus Ihrer Umgebung nützen können.

Sind Sie aber beruflich als Polizist, Security oder Ähnliches mit einer Attacke oder einer Bedrohung konfrontiert und müssen Sie sich dem Angreifer stellen, um andere z. B. zu schützen, so werde ich mich, so gut ich kann, der Bedrohung stellen.

Hierzu ein Beispiel aus meinem Leben. Ich irrte einmal spätnachts in der Peripherie der Stadt Siam Reap in Kambodscha herum. Ich hatte mich, wie man beim österreichischen Militär sagt, „verkoffert". Auf der Straße gab es keine Beleuchtung, und nur wenn ich an irgendwelchen Hütten vorbeikam, aus denen Licht drang, sah ich mehr von der Straße und was sich dort tat. Plötzlich sagte mir mein Gefühl, dass etwas nicht stimmte. Als ich mich umdrehte, sah ich schräg hinter mir auf der gegenüberliegenden Straße schemenhaft Personen und auch direkt hinter mir, ca. 10 Meter entfernt, vernahm ich Personen. Mir wurde mulmig, und als die Personen schräg versetzt gegenüber an einer beleuchteten Hütte vorbeigingen, sah ich Macheten in ihren Händen. Ich bekam es mit der Angst zu tun, ich war alleine auf der dunklen Straße, verfolgt von vier bis sechs Personen, die Macheten in der Hand hielten.

Ich musste an den Österreicher denken, der damals vor Monaten in Kambodscha verschwunden war. Lag der vielleicht auch zerstückelt hier in einem Reisfeld und wie würde ich das meinem Sohn erklären, dass ich da in Kambodscha sterben würde, gingen mir wirre Gedanken durch den Kopf. In meiner Hand hielt ich ein kleines Springmesser mit einer 10 cm langen Klinge. Sollte ich den Kampf aufnehmen oder sollte ich den Männern meine Bauchtasche mit Wertsachen hinwerfen, sollte ich einfach in eines der Reisfelder neben der Straße springen und versuchen, so zu flüchten? Für mich war klar, die wollten mir an den Kragen und es waren sicher keine Männer, die einfach von der Arbeit heimgingen, wie sicher viele denken würden.

Ich war dann bereit, loszulaufen, nur wohin war die Frage, ich kannte mich ja nicht aus. Da fuhr plötzlich aus einer Nebenstraße ein Motorradfahrer heraus. Er fuhr langsam um die Ecke und das nützte ich und sprang hinten bei ihm am Sozius auf. Ich stieß ihm den Knauf von meinem kleinen Messer in die Nieren und schrie „Go, Go, Go!“. Erschrocken gab der Khmer Gas und wir hatten schnell einiges an Metern zurückgelegt. Ich erklärte ihm den Namen meines Hotels und er brachte mich dann dorthin. Als Belohnung gab's von mir 200,- Dollar und er konnte es gar nicht fassen, wie er dazu gekommen war.

ZUSAMMENFASSUNG

Entscheidend für den Ausgang einer Stichwaffenattacke sind:

- das Können, der körperliche Zustand und die Bewaffnung (Messertyp, Schneide- und Stichmittel) des Angreifers
- das Können, die Aufmerksamkeit, eventuell eigene „Waffen“ (Behelfswaffen) und der körperliche Zustand des Attackierten

Ist der Angreifer ein „Könner“, der mit dem Messer umzugehen weiß, so haben Sie kaum Chancen, aber lassen Sie sich deswegen kampflos schwer verletzen oder gar töten? Nein, lassen Sie nichts unversucht, um aus dieser Situation möglichst unbeschadet rauszukommen. Siehe das Beispiel des russischen Teenagersoldaten auf S. 32.

Bei der Analyse von Realvideos habe ich kaum Messerattacken gesehen, bei denen nur angetäuscht wurde, wie es oft bei „Dojo“-Videos (in einer Trainingshalle) gezeigt wird. Wenn doch angetäuscht wurde, dann gab es ein paar Beispiele bei Attacken auf Türsteher, aber auch die waren nicht besonders, als Beispiel „ich täusche einen Stich zum Bauch an, aber schneide/steche dann zum Hals“. Übrigens sind der Großteil der Verletzungen von Stichwaffen Bauchstiche.

Der Faktor Aufmerksamkeit ist für mich einer der wichtigsten überhaupt.

Aufmerksamkeit und Reflexe sind für eine perfekte Vermeidung oder Abwehr einer Attacke essentiell. Durch die richtige Beobachtung der Umgebung und eine gute Intuition sieht oder spürt man oft schon im Vorfeld eine Gefahr und begibt sich oft gar nicht in diese. Sie sehen zum Beispiel aus mehreren Metern eine verdächtige Person und wechseln sofort die Straßenseite bzw. rechnen mit einer Attacke. Auf unvorhersehbare Attacken aus dem Nichts können Sie durch eine gesunde Aufmerksamkeit und einen guten Reflex rascher reagieren.

Hören Sie auf Ihr Bauchgefühl, es warnt Sie oft im richtigen Moment.

Was die Empfehlung der ersten Option, die Flucht, betrifft, so zeigen leider die Realität und Videos, dass man dazu auch ein sehr guter bzw. besserer Läufer als der Angreifer sein muss. Leider sind da die Messerhelden auch oft noch in besserer Form und laufen ihrem Opfer hinterher. Da man selbst durch die Flucht außer Atem ist, haben die fitten Täter einen weiteren Vorteil. Daher sollten Sie rasch abwägen, ob es überhaupt was bringt, wenn Sie zu laufen beginnen, und ob Sie vor dem Angreifer einen sicheren Ort erreichen können.

WESENTLICHES ZUR SELBSTVERTEIDIGUNG

Hat ihr Gegenüber eine Stichwaffe, ist es absolut falsch, nichts zu tun und sich stechen oder sonstwie damit verletzen zu lassen. Sie dürfen nicht von Vornherein denken, dass Sie ja sowieso keine Chance haben, bzw. sind Sie vielleicht geschockt, weil andere bereits von ihm verletzt worden sind.

3S-REGEL

Wie in meinem Buch *Geflasht 1 – Moderne Selbstverteidigung* gelehrt, sollte eine erfolgreiche Selbstverteidigung nach der **3S-Regel** ablaufen.

1. **Schnell:** Die Verteidigungsaktion muss schnell erfolgen. Intuitiv – ohne vorher überlegen zu müssen, was Sie jetzt machen. Das erfordert, dass die Techniken vorher intensiv trainiert worden sind, sodass sie zu Automatismen geworden sind. Ich vergleiche das mit dem Autofahren: Bei den ersten Fahrstunden überlegt man noch konzentriert, wann geschaltet werden muss, wann geblinkt werden muss ... Nach einigen tausend Fahrstunden passiert das automatisch. Man überlegt nicht mehr, wie man ein Auto fährt, sondern macht es einfach. Dasselbe Prinzip haben wir bei der Verteidigung: Erfolgt nun eine plötzliche Attacke, so reagieren Sie, wie Sie es Hunderte Male trainiert haben. Reflexartig setzt hier der Körper auch eigene Reaktionen, wie die Hände schützend einzusetzen oder den Bauch bei einem Stich dorthin einzuziehen. Nur ist es wichtig, danach sofort weitere sinnvolle Reaktionen zu setzen. Schnell sollten Sie aber auch beim Davonlaufen, also Losspurten sein, wenn Sie flüchten können.

Es heißt, schnell die Situation zu erfassen, was uns wieder zum Wichtigsten des Selbstschutzes – die Aufmerksamkeit – bringt.

2. **Stark:** Die Ausführung von Verteidigungstechniken sollte mit voller Stärke und größter Energie erfolgen. Also keine halben lockeren Techniken, sondern voller Einsatz. Wichtig ist, dass Sie daher im Training auch Möglichkeiten bekommen, die Techniken voll durchzuziehen und nicht vor dem Ziel abstoppen zu müssen (Kopfschutz, Schlagpratzen, Körperschutz ...).

3. **System:** Die Verteidigung sollte systematisch erfolgen, die eingesetzten Techniken sollten simpel, vor allem aber sollten sie „für Sie geeignet sein!" Nicht jede Technik behagt jedem und es gibt oft mehrere Varianten, die zum Ziel führen. Ziel ist, mit möglichst geringem Aufwand die größtmögliche Wirkung zu erzielen. Hier ist wichtig, durch richtiges Training mit einem qualifizierten Trainer sinnvolle Techniken zu lernen. Ich sehe da leider viel zu oft Videos mit artistischen Showtechniken, die in der Realität kaum funktionieren. Klar hängt es, wie bereits erwähnt, von der Gefährlichkeit des Angreifers ab und sie können eventuell ja trotzdem funktionieren, weil der Angreifer total betrunken und vielleicht dazu noch sehr alt ist (wobei Alter bei der Gefährlichkeit aber meist keine Rolle spielt). Lernen Sie lieber Techniken, die eher von Erfolg gekrönt sind als etwas, was in der Trainingshalle mit Trainingspartner, der meist mitspielt, funktioniert, aber auf der Straße wenig Chancen hat. Auch ich lernte in meinen jungen Jahren so Techniken, wie den Kreuzblock (beide Hände werden dabei, an den Knöcheln überkreuzt, vor dem Bauch gehalten und sollen so einen Bauchstich abfangen), der funktioniert, wenn der Angreifer das Messer nach dem Stich stehen lässt. Oder dem Angreifer das Messer aus der Hand zu treten, was in der Realität aber wenig erfolgversprechend ist. Man müsste dabei sehr zielgenau und schnell mit dem Fuß sein. Eine Technik muss Tausende Male geübt werden, damit sie in Fleisch und Blut übergeht und, ohne zu überlegen, vom Körper als Reflex ausgeführt wird. Vergessen Sie nie, dass es bei einem Messerkampf ums Überleben geht und nicht um Spielereien, wie es bei einigen Messersystemen à la Hollywood trainiert und gelehrt wird. Wobei das Messer aus der Hand zu treten bzw. mit dem Fuß wegzufegen (was eher funktioniert), scheinbar Tradition hat, denn in einem Messerkampfbuch aus 1680 wird diese Technik ebenfalls gelehrt. Damals hatten die „Söldner" aber scheinbar viel Zeit, derartige Techniken bis zur Perfektion zu trainieren. Wie im Kapitel *Faktoren von Stichwaffenattacken* beschrieben, kann natürlich der Faktor „Wer kämpft gegen wen" eine entscheidende Rolle spielen. Tritt hier ein schon in die Jahre gekommener Sturzbetrunkener gegen einen agilen jungen Kämpfer an, der noch dazu Ahnung vom Messerkampf hat, so ist es nicht abwegig, dass er es schafft, das Messer mit dem Fuß wegzutreten.

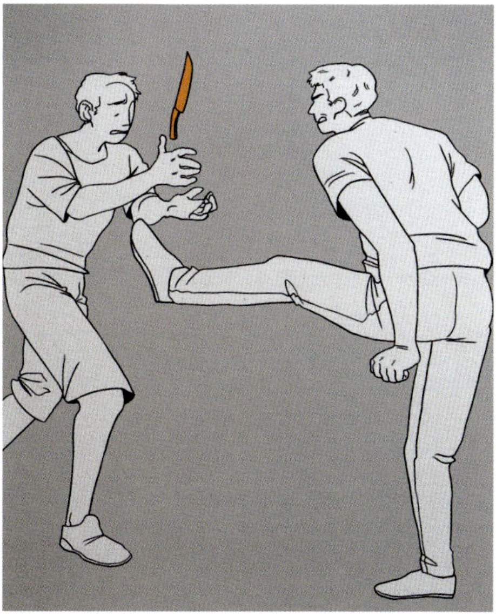

Eine Technik nach einem holländischen Holzschnitt aus 1680, die ich nicht empfehle, die aber in der Variante, wenn man die Messerhand wegfegt, um rasch an den Gegner (Amateurstecher) ranzukommen, sinnvoll sein kann.

Wichtig bei allem ist aber, immer die Hand mit dem Messer bzw. die verdeckte Hand, in der man das Messer vermutet, im Auge zu behalten. Bei mir ist immer Alarmstufe Rot angesagt, wenn sich jemand mir gegenüber so platziert, dass ich seine Hände nicht sehen kann – noch dazu, wenn ich mit der Person zuvor eine verbale Auseinandersetzung oder sonst irgendein Problem gehabt habe. Ich mahne da meist einen Abstand ein. Aber das ist nicht immer so einfach, wie das folgende Beispiel zeigt.

Richtig fertig machte mich da immer „Freddy, der Wikinger", er hatte die Angewohnheit, sich mir gegenüber immer breitbeinig, mit beiden Händen hinter dem Rücken aufzubauen. Sorgen bereitete mir dabei zusätzlich aber auch immer sein Gerede wie „Wir zwei Krieger werden einmal in Walhalla einziehen und dort feiern" und Ähnliches. Freddy war „irre" und da musste man mit allem rechnen, noch dazu wo er mir öfters sein verziertes Taschenmesser gezeigt hatte, das er immer mitführte. Auf mein Bitten, dass ich es nicht gerne hatte, wenn ich seine Hände nicht sehen konnte und er ja ein Messer mitführte, meinte er nur: „Brauchst keine Angst haben, wir haben ja dasselbe Nordmännerblut." Ich war aber bei Freddy immer auf der Hut, wie gesagt, ich hielt ihn für nicht ganz dicht. Sobald er in meiner Nähe war und mit den Händen hinten am Rücken vor mir stand bzw. wenn er überhaupt im Lokal war, war er in meinem Fokus. Jetzt werden viele natürlich meinen, den hätten sie gar nicht ins Lokal gelassen, noch dazu mit Messer. Freddy war allerdings ein guter Kunde, der spezielle „Walhalla-Runden" zahlte und ein vom Chef gern gesehener Gast war.

Messer waren in dem Lokal wohl nach dem Handy und Zigaretten mit Feuerzeug das meist mitgeführte Utensil. Auch gab es nie Probleme mit Freddy, solange ich dort arbeitete.

DIE VIER DISTANZEN

Ich und auch sehr viele „Messerkampfexperten" teilen eine Auseinandersetzung mit Stichwaffen in vier Distanzen ein.

Weite Distanz

Der Angreifer muss einen Schritt bzw. sich sehr lang nach vorne strecken, um einen zu treffen. Das Messer ist außer Reichweite. Hier haben Sie am ehesten noch die Chance davonzulaufen, sich hinter Mobiliar zu verstecken oder ein Hilfsmittel zu packen. Voraussetzung beim Davonlaufen ist, wie erwähnt, dass Sie ein flinkerer Läufer als der Messermann sind. Übrigens: Wenn jemand wie auf dem Foto rechts das Messer so hält, sollten Sie davon ausgehen, dass derjenige weiß, wie man ein Messer einsetzt. Dies gilt für alle Bilder mit Hubert, der ein Könner des Messerkampfes ist. An seinem Beispiel erkennen Sie, wie ein Experte das Messer hält.

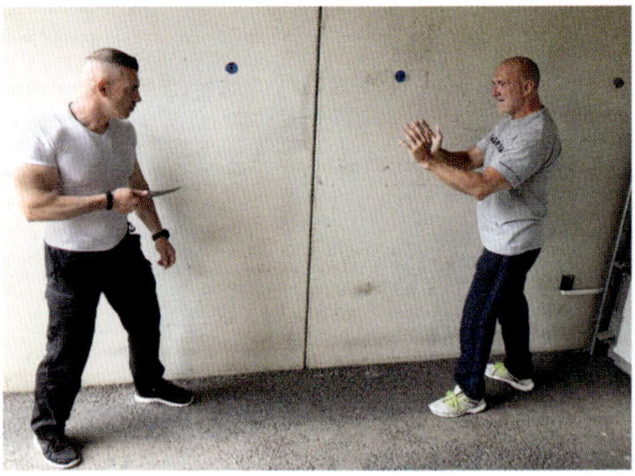

© Ernst Angerbauer

Mittlere Distanz

Der Verteidiger kann die Messerhand greifen. Genauso kann der Messerstecher den Verteidiger mit dem Messer erreichen.

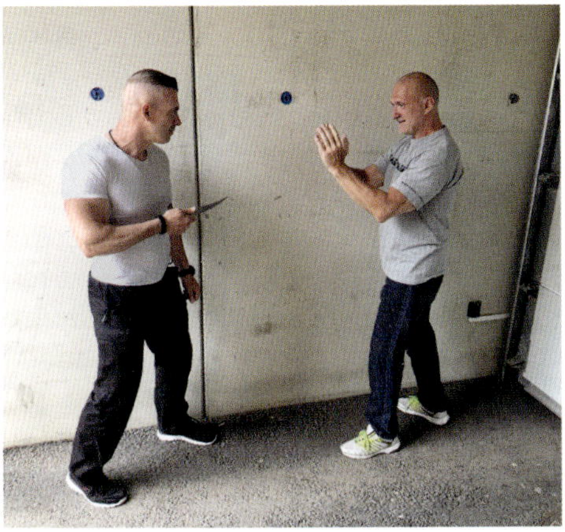

© Ernst Angerbauer

Nahdistanz

Nur wenige Zentimeter trennen Angreifer und Verteidiger und es kann Körperkontakt durch Greifen, Zerren und Festhalten geben.

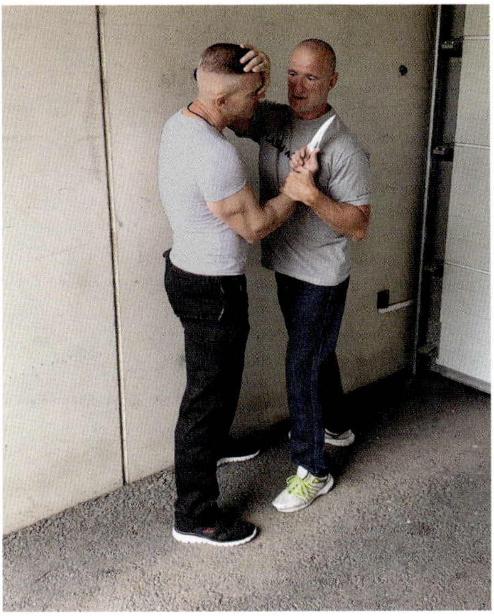

© Ernst Angerbauer

Bodenkampf

Sie sind z. B. beim Versuch, wegzulaufen, gestürzt und befinden sich auf dem Boden, die Wucht des ersten Messertreffers bzw. -stiches hat Sie zu Boden geworfen oder Sie haben sich freiwillig zu Boden begeben (was auch sinnvoll sein kann).

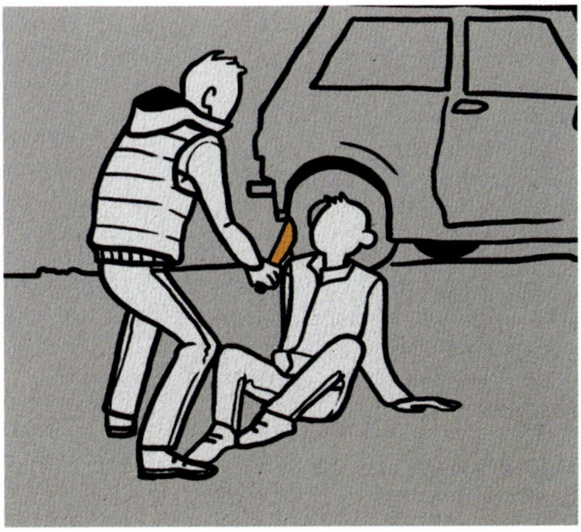

Im Video zu diesem Bild versetzte der Messermann dem Mann, der auf ihn zuging, überraschend einen Bauchstich. Dieser lief daraufhin davon, stürzte aber nach wenigen Metern. Der Messermann versuchte danach mehrmals, auf den am Boden liegenden Mann, der sich mit Fußtritten verteidigte, einzustechen. Ob die Stiche trafen oder nur ins Leere gingen, ist im Video schwer zu erkennen. Der Messermann versuchte dann mit seiner linken Hand, sein Opfer zu Boden zu drücken, um besser zustechen zu können. Das Opfer packte aber die linke Hand und zog den Messermann über sich hinweg zu Boden. Beide waren nun am Boden, aber das Opfer war schneller wieder auf den Beinen. Als auch der Messermann wieder auf den Beinen war, nahm das bisherige Opfer dem Messerstecher das Messer ab und lief damit davon. Es war nicht genau zu erkennen, ob ihm das durch einen Griff in die Klinge oder anders gelang.

Normal sollte bei jedem Menschen Panik aufkommen, wenn man sich am Boden befindet und der „Messermann“ bedrohend über einem steht. Aber man sollte

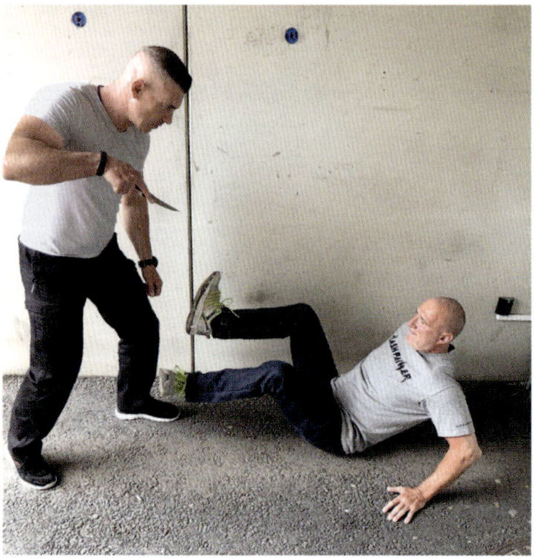

Auch diese Situation sollte man oftmals üben. © Ernst Angerbauer

dies selbst üben, den am Boden Liegenden mit einem Messer zu treffen. Sie werden feststellen, dass es doch nicht so einfach ist, das Opfer zu treffen, wenn dieses mit seinen Beinen abwehrt und gegen den Angreifer tritt. Außerdem Stiche und Schnitte gegen die Schuhe und das Scheinbein sind weniger gefährlich als gegen den Oberkörper (Ausnahme ist natürlich die Fußarterie).

Deswegen kann es auch sinnvoll sein, am Boden zu bleiben oder sich freiwillig hinzusetzen und dort eine Abwehrstellung einzunehmen. Es ist nämlich um einiges schwerer, hinunter gegen einen am Boden liegenden Menschen eine Stichwaffe einzusetzen als gegen einen stehenden.

Dazu passt auch die Reiseschilderung meines Verlegers:

Ich wurde im moslemischen Südthailand einmal von einem durchgedrehten Muslim mit einem langen Messer angegriffen. Meine Reaktion habe ich bisher als sehr unrühmlich betrachtet, doch die Lektüre Ihres Buches hier zeigt, dass sie so falsch nicht war: Zuerst versuchte ich, wegzulaufen und durch lautes Schreien Passanten aufmerksam zu machen. Das wurden sie auch, eingegriffen hat trotzdem keiner. Als ich merkte, dass der Mann schneller war als ich und die Gefahr bestand, dass er mich von hinten niederstechen könnte, habe ich mich auf den Boden fallen lassen in der Überlegung, dass er dann sein Messer weniger gut einsetzen kann, und die Füße zur Verteidigung erhoben, doch hat er plötzlich von mir abgelassen und ist weggelaufen. Da dieser Ort rund eine Fahrstunde vom nächsten Krankenhaus entfernt war und ich niemanden dort kannte, hat mir die Reaktion vielleicht das Leben gerettet.“

Dass eine derartige Reaktion helfen kann, habe ich auch schon öfters auf Videos gesehen, habe aber auch gesehen, dass am Boden liegende Menschen zu einem gewissen Teil auch erstochen worden sind. Es spielen daher auch die Faktoren, wie das eigene und das Können des Angreifers, die im Buch beschrieben werden, eine große Rolle.

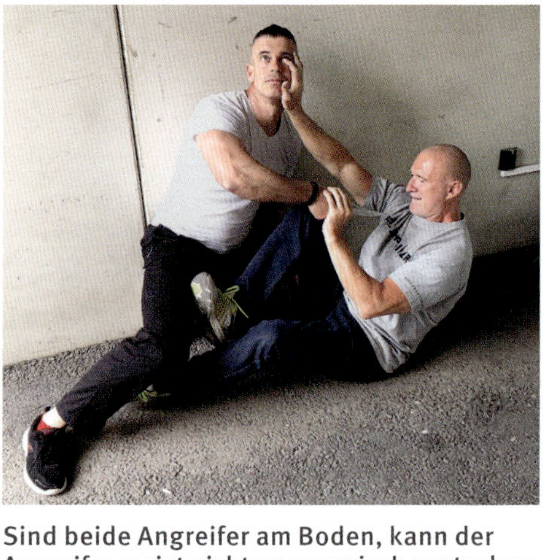

Sind beide Angreifer am Boden, kann der Angreifer meist nicht so energisch zustechen. © Ernst Angerbauer

Ist die Situation so, dass auch der Angreifer mit einem am Boden ist, so kann dieser meist nicht so energisch zustechen und schneiden wie im Stand, vor allem wenn man den Angreifer möglichst nahe am eigenen Körper hat und ihn noch dazu am Ausholen und mit der Waffe Agieren hindert und ihn selbst angreift. Ich halte in dem Fall hier die Messerhand fest und steche den Angreifer mit den Fingern ins Auge. Dieser Fingerstich muss kräftig und energisch sein. Als Nächstes würde ich versuchen, meine Position zu verbessern und den Angreifer abzuschütteln (von mir runterdrehen) und über ihn zu kommen. Dabei würde ich aber den Griff an der Messerhand kein bisschen lockern.

DIE MESSERHALTUNG

Bei der Messerhaltung zählen zu den meist verwendeten folgende drei Griffe:

1. **Hammergriff:** Im Hammergriff werden bevorzugt Stichtechniken von der Hüfthöhe nach schräg oben oder gerade (Bauchstich) ausgeführt. Auch werden eher selten Stiche von der Seite mit dem Daumen nach oben oder dem Daumen nach unten ausgeführt. Der Daumen wird seitlich fest gegen den Griff gedrückt. Für Schnitttechniken eignet sich dieser Handgriff nur bedingt, dafür sind aber kräftige Stiche möglich. Diese Griffart wird meist von „Amateuren“ verwendet.

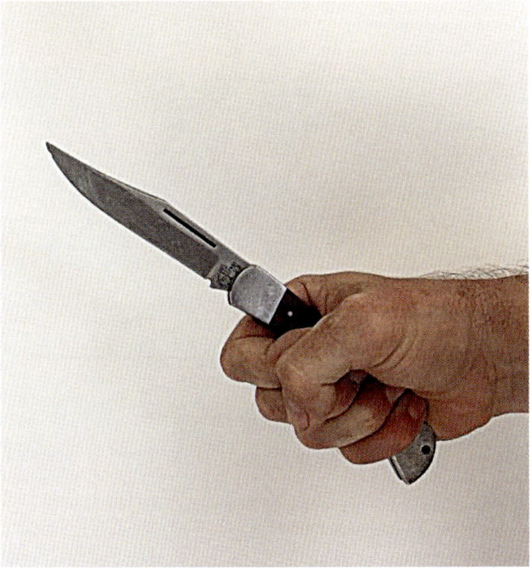

2. **Säbelgriff:** Bei diesem Griff liegt der Daumen flach auf der Oberseite des Griffes (Parierstange). Er eignet sich hervorragend für Schnitte, da das Messer in der Hand schnell nach außen oder innen gedreht werden kann. Stiche können von links und rechts durch Verdrehen der Hand ausgeführt werden. Der Nachteil ist, dass das Messer, da der Daumen nicht anliegt, nicht so fest umschlossen werden kann, was bedeutet, dass das Messer, wenn man auf Widerstand (Knochen, Fleisch) stößt, aus der Hand fallen oder im Körper oder der Kleidung des Gestochenen stecken bleiben könnte. Diese Messerhaltung wird meist von Könnern angewendet.

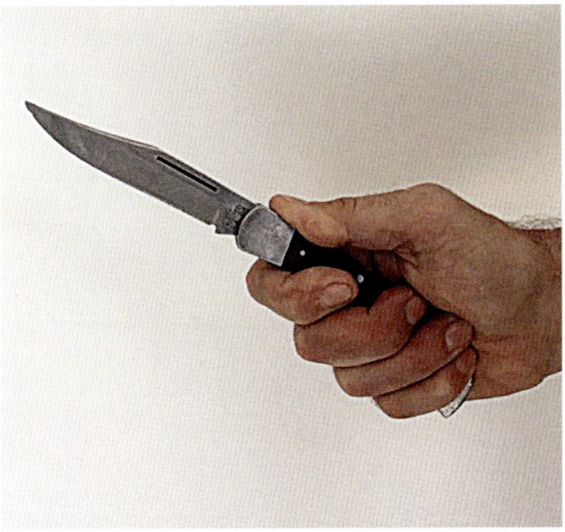

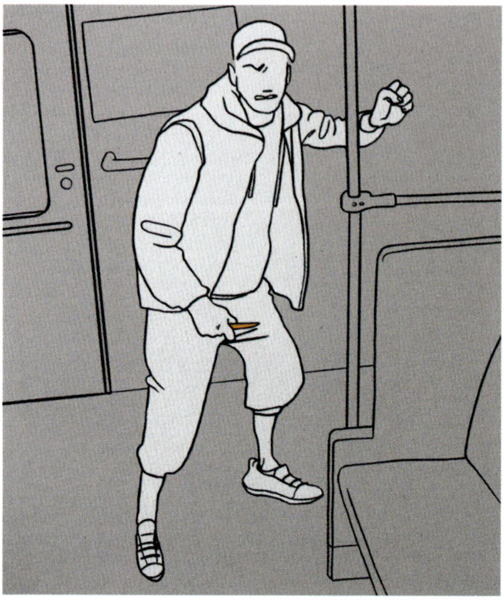

Ein Täter mit einem Taschenmesser im Säbelgriff in der Berliner U-Bahn. Er verletzte Oktober 2020 einen anderen Fahrgast damit und wurde später dank der Fahndungsfotos ausgeforscht.

3. **Eispickelgriff:** Im Eispickelgriff kann erst in der Nahdistanz und das meist von oben zugestochen werden. Es gibt beim Zustechen aber auch die Variante des verdrehten Handgelenkes mit Daumen nach oben oder Daumen nach unten. Auch ist es möglich, mit der nach vorne zeigenden Klinge Schnitte auszuführen, was aber eher den Experten vorbehalten bleibt. Generell wird diese Griffart sehr oft von Amateuren verwendet.

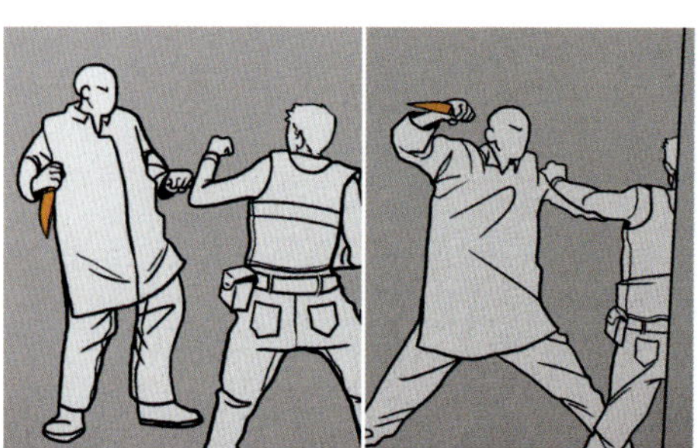

Angriff eines IS Sympathisanten, mit einem Messer im Eispickelgriff auf einen Polizisten in Melbourne/Australien.

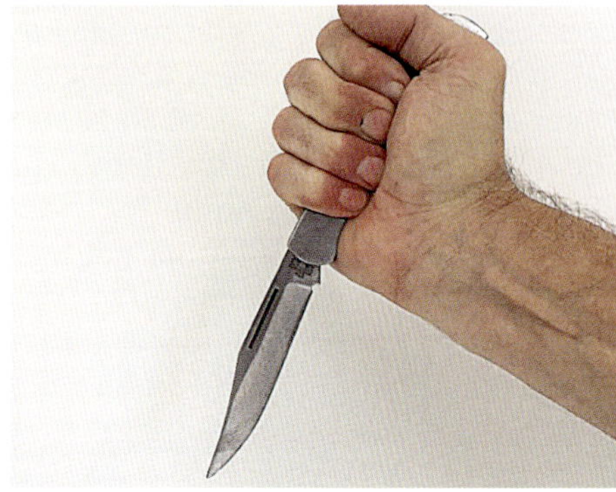

Absolut „in" ist im Moment hauptsächlich bei Jugendlichen das Führen von Karambitmessern, wie mir immer wieder bei Einlasskontrollen auffällt. War es einst üblich, ein Schmetterlingsmesser (Balisong) zu führen und damit „Kunststücke" zu zeigen, ist es jetzt das Karambit. Ein Karambit ist eine aus dem Raum Indonesien, Malaysia und den Philippinen stammende Art von Messer. Typisch für diese sind klauenförmige Klingen und ein Ring am Griffende. Richtig verwendet, steckt der Zeigefinger im Ring, die Faust umfasst den Griff und die gebogene Klinge wird nach vorne zeigend geschwungen. Hauptsächlich wird mit dem Karambit geschnitten.

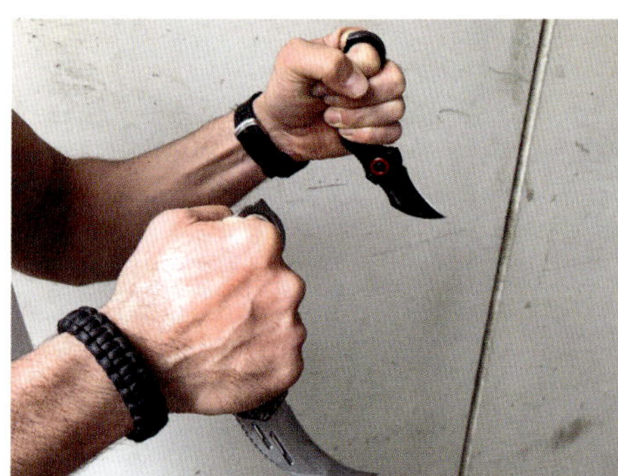

Karambitmesser. © Ernst Angerbauer

UNVORHERSEHBARE ANGRIFFE

FALLBEISPIELE

Am 25. April 1990 wurde bei einer SPD-Wahlkampfveranstaltung in der Stadthalle Köln-Mühlheim der Kanzlerkandidat der SPD, Oskar Lafontaine, von einer damals 42-jährigen Frau mit einem ca. 30 cm langen (Länge mit Griff) Messer niedergestochen. Sie betrat damals die Bühne mit zwei Blumensträußen. Den ersten überreichte sie dem Politiker Rau, den zweiten behielt sie für Lafontaine. Ihm legte sie auch ein Autogramm-Album vor. Als Lafontaine zur Unterschrift ansetzte, zog die Frau das Messer aus dem einen Blumenstrauß und stach ihm in die rechte Halsseite. Lafontaine brach zusammen, verlor viel Blut und überlebte nur knapp. Das Messer hatte die Halsschlagader lediglich um wenige Millimeter verfehlt. Die Ärzte operierten zwei Stunden lang und retteten ihm das Leben.

Lafontaine war nicht das einzige politische Messeropfer der letzten Jahre. Am 17. Oktober 2015 wurde die parteilose Henriette Reker bei einer Wahlveranstaltung in Köln von einem 44-jährigen Mann mit einem 30 cm (Gesamtlänge) langen Bowiemesser plötzlich in den Hals gestochen – dabei wurde ihre Luftröhre fast komplett durchtrennt. Danach verletzte er vier weitere Personen, eine davon schwer. Reker wurde durch eine Notope-

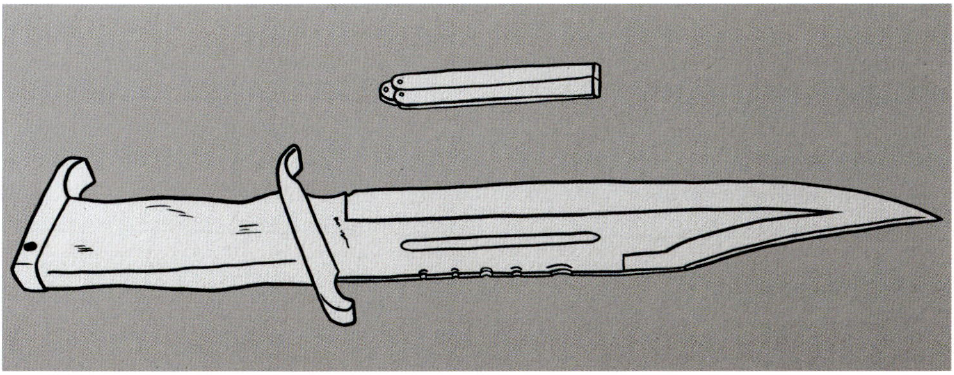

Das Bowiemesser, mit dem Reker in den Hals gestochen wurde, daneben ein Butterflymesser, welches der Täter ebenfalls mithatte.

ration gerettet. Helfer setzten als Hilfsmittel, um den Täter abzuwehren und weitere Attacke zu verhindern (er hatte auch ein zweites Messer bei sich), Werbefahnen ein (siehe auch Kapitel 7 *Verteidigung mit (Behelfs-)Waffen, S. 76 ff.*)

Das wohl bekannteste Stichwaffenopfer im deutschsprachigen Raum ist die österreichische Kaiserin Elisabeth, genannt Sisi. Diese war am 10. September 1898 am Genfer See mit einer Begleiterin unterwegs, als sie plötzlich einen Stoß von einem Unbekannten bekam und zu Boden fiel. Sie rappelte sich auf, säuberte ihr Kleid und begab sich weiter zu einem Dampfschiff, um eine Ausflugsfahrt zu machen.

Die 60-Jährige klagte zwar über Schmerzen in der Brust, brach aber erst zusammen, als sie nach ca. 120 Schritten auf dem Oberdeck des Schiffes angelangt war. Der Kapitän wendete sofort und ließ die ohnmächtige Kaiserin zurück ins Hotel tragen. Dort öffnete man ihr Mieder und entdeckte einen winzigen bräunlichen Fleck auf der linken Brust. Sisi kam noch einmal zu sich und fragte mit klarer Stimme: „Was ist denn eigentlich geschehen?"

Dies waren die letzten Worte der Kaiserin von Österreich. Laut Autopsie hatte sich ein „langer, spitzer" Gegenstand 85 Millimeter tief ins Gewebe der Monarchin gebohrt. Die vierte Rippe war verletzt, der vordere Teil des linken Lungenflügels zerschnitten, der Herzbeutel zerstört, die linke Herzkammer durchbohrt.

Gut zwei Stunden nach dem Mord fand man die Tatwaffe: eine Dreikantfeile mit Holzgriff. Sie gehörte Luigi Lucheni, 25. Der italienische Gelegenheitsarbeiter und Anarchist hatte Sisi ermordet. Ein Revolver

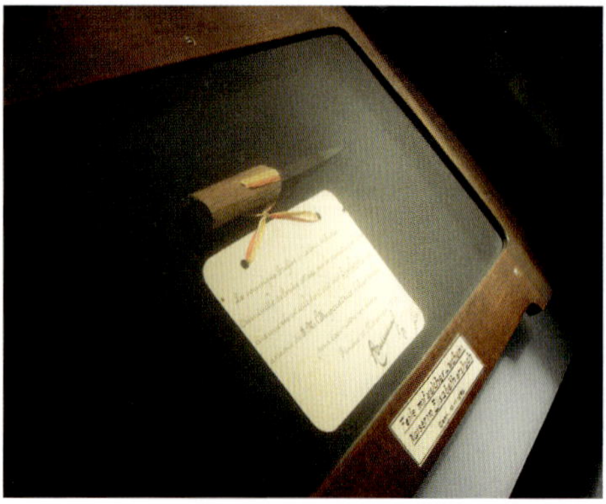

Die zugeschliffene Feile, mit der Kaiserin Sisi ermordet worden ist
© Wikimedia Commons/Manolo-Oh

oder Dolch war ihm zu teuer gewesen, darum hatte Lucheni eine Feile messerscharf schleifen lassen. Wo exakt das Herz lag, hatte er im Anatomieatlas nachgeschlagen. Auf dem Weg zum See passte Lucheni sein Opfer ab und stach blitzschnell zu. Da die Feile so dünn war, gelangte das Blut nur tropfenweise aus der Herzkammer in den Herzbeutel; die Herzfunktion wurde somit langsam stillgelegt. Die Todesursache war eine durch die Stichverletzung ausgelöste Herzbeuteltamponade.

Weniger bekannt ist, dass auch der Ehegemahl von Sisi, der Kaiser von Österreich Franz Josef I., in jungen Jahren (damals 23) einmal das Opfer einer Messerattacke geworden war. Dem jungen Kaiser wurde am 18. Februar 1853 während eines Spazierganges in Wien von einem ungarischen Schneidergesellen mit einem Küchenmesser von hinten in den Unterkopf gestochen. Nur das rasche Einschreiten seines Adjutanten und eines Passanten hinderten den Attentäter, weitere Stiche zu setzen. Im Handgemenge konnte der wohl politisch handelnde Attentäter schließlich überwältigt werden.

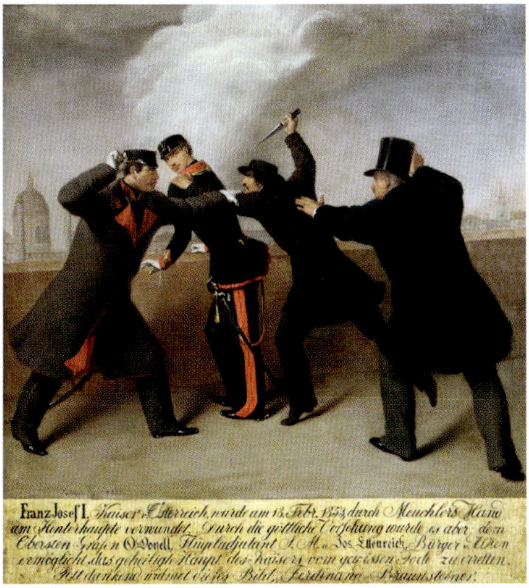

Gemälde von Johann Reiner (auch Johann Joseph Rainer, Wien Museum Karlsplatz)
© Wikimedia Commons/Wien Museum Karlsplatz

TRAINING DER NATÜRLICHEN REFLEXE

Bei einer unvorhersehbaren Attacke kann es sein, dass die „natürlichen Reflexe", welche jedem Menschen eigen sind, in gewissen Momenten eintreten. Jemand will Ihnen zum Beispiel eine Ohrfeige geben, Sie selbst schützen sich aber, sobald Sie die Bewegung wahrnehmen, automatisch mit dem Arm oder drehen den Kopf weg. Genauso besteht die Möglichkeit – und ich hab es bei Videos gesehen –, dass bei einem Bauchstich oder Stich (Eispickelgriff) von oben die Opfer reflexartig eine oder beide Hände dazwischenbringen oder den Bauch bzw. Kopf intuitiv einziehen oder wegnehmen.

Jeder Mensch hat hier andere Reflex- und Reaktionszeiten. Diese lassen sich aber auch trainieren, sodass sie teils intuitiv und ohne zu überlegen ablaufen.

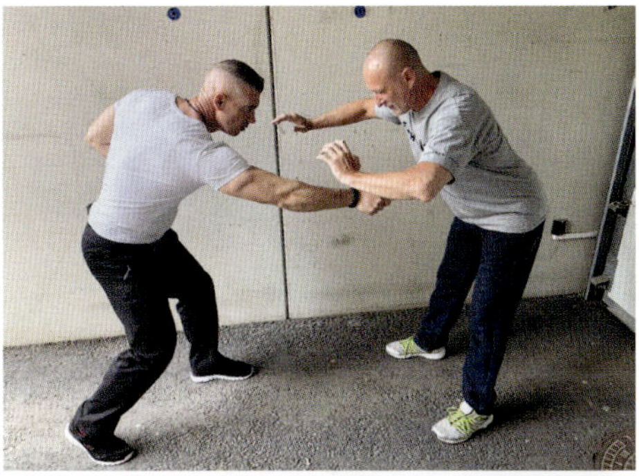

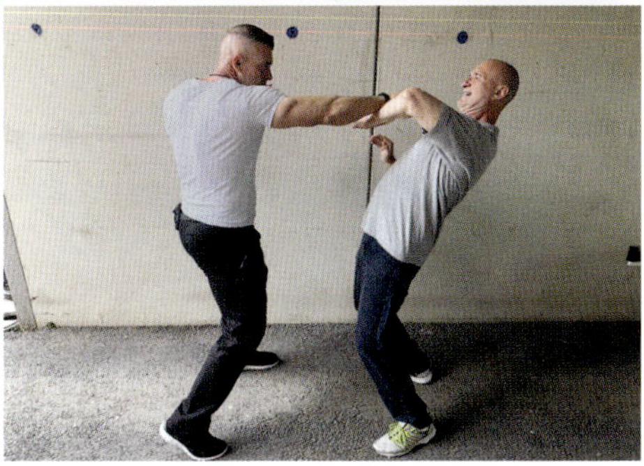

Natürliche Reaktion auf plötzliche Attacken. Wichtig ist es aber, darauf auch sofort eine Verteidigungstechnik folgen zu lassen. So eine Reaktion lässt sich durch Drill-Training (Durchspielen der immer gleichen Übung) verbessern und steigern.
Beide Fotos: © Ernst Angerbauer

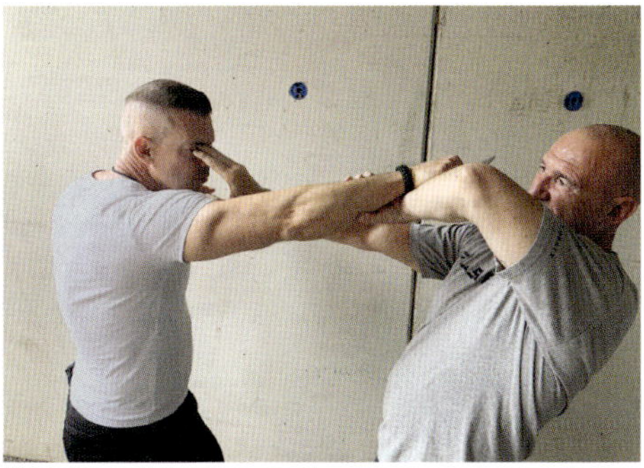

Das Ziel sollte, ohne zu überlegen, eine sofortige, reflexartige, einstudierte Reaktion sein. Hier weiche ich aus, fixiere bzw. blocke die Messerhand und führe einen Fingerstich zu den Augen aus. © Ernst Angerbauer

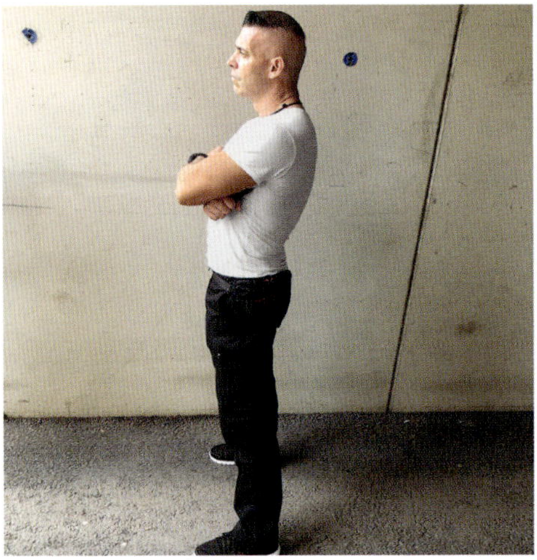

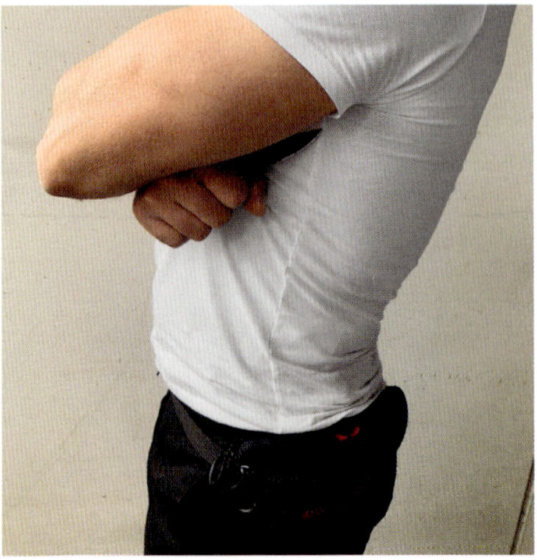

Beide Fotos: © Ernst Angerbauer

Sehr leicht lässt sich ein Messer oder ein Stichmittel vor dem Gegenüber verbergen.

Erlaubtes und unerlaubtes Führen einer Waffe

Sehr gefährlich bei unvorhersehbaren Attacken, bei denen es zunächst nicht den Anschein hat, das hier z. B. eine Stichwaffe versteckt ist (siehe das Attentat auf Lafontaine), sind versteckte Waffen. Man unterscheidet hier das „erlaubte“ (versteckte) Führen von Messern z. B. am Gürtel, in der Hosentasche, im Stiefel, in einer Zeitung, einer Jausenbox oder in einer zusammengerollten Jacke.

Die zweite Unterscheidung ist das „unerlaubte Führen“, bei dem auch der Besitz verboten ist, wie z. b. die Vortäuschung eines anderen Gegenstandes wird: also die Klinge in einem Kugelschreiber, einem Gehstockgriff, einer Taschenlampe oder einem Bürstengriff versteckt.

Die Gesetzeslage ist zu obigem Beispiel aber teilweise auch verwirrend, denn es ist z. B. erlaubt, das Messer, das nicht verboten ist, in der Zeitung oder „versteckt“ in einer Jacke oder einem Pullover zu führen, wenn man es in eine Werkstätte zum Schleifen bringt oder es sonstwo in Verwendung braucht (wie bei einem Kochkurs oder dem Pilzesuchen). Tarnt man aber das Messer, nur um damit aus dem Hinterhalt jemanden zu verletzen oder zu töten, so ist das Führen in dem Fall z. B. in der Zeitung verboten.[11] So erklärte es mir ein Jurist.

Ein Messer um den Hals an einer Kette getragen, ein so genanntes „Neck Knife“ mit einer Klingenlänge unter 12 cm, ist z. B. erlaubt. Diese Trageweise erlaubt ein schnelles überraschendes Ziehen. Vor allem wenn das Messer hinter einer Krawatte versteckt ist, kann eine überraschende Attacke ausgeführt werden. Ausnahmen für eventuell verbotene Hieb- und Stoßwaffen und Einhandmesser gelten z. b. im Fall der Berufsausübung, des Sports, für Brauchtumsveranstaltungen (z. B. Umzüge) sowie bei Foto- und Videoaufnahmen und bei Theaterveranstaltungen.

Hab ich jetzt den Leser womöglich verwirrt, so ist die Thematik selbst auch

11 Z. B.: https://www.youtube.com/watch?v=NqCj10Zjaxw

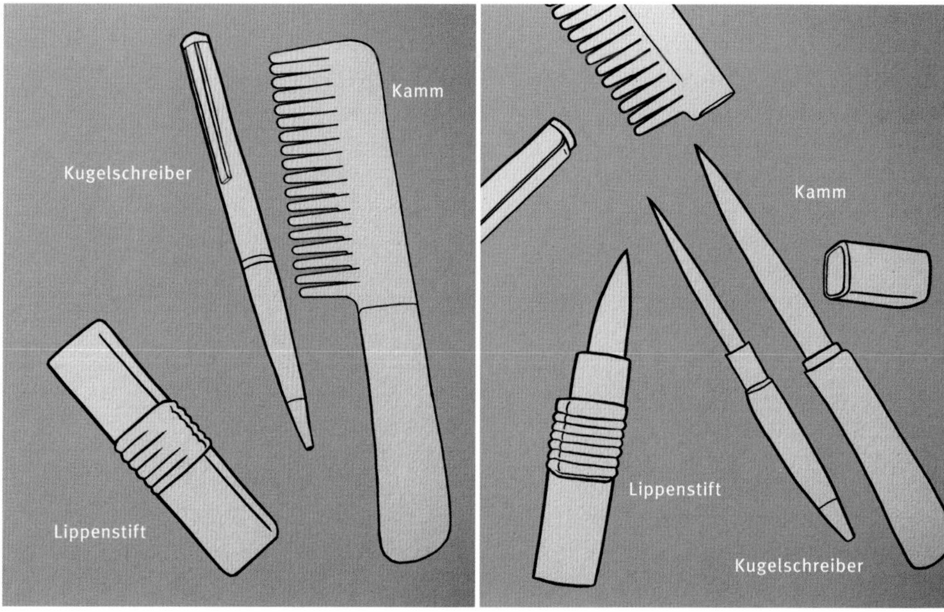

Als Gegenstände des alltäglichen Gebrauchs getarnte (in vielen Ländern verbotene) Messer

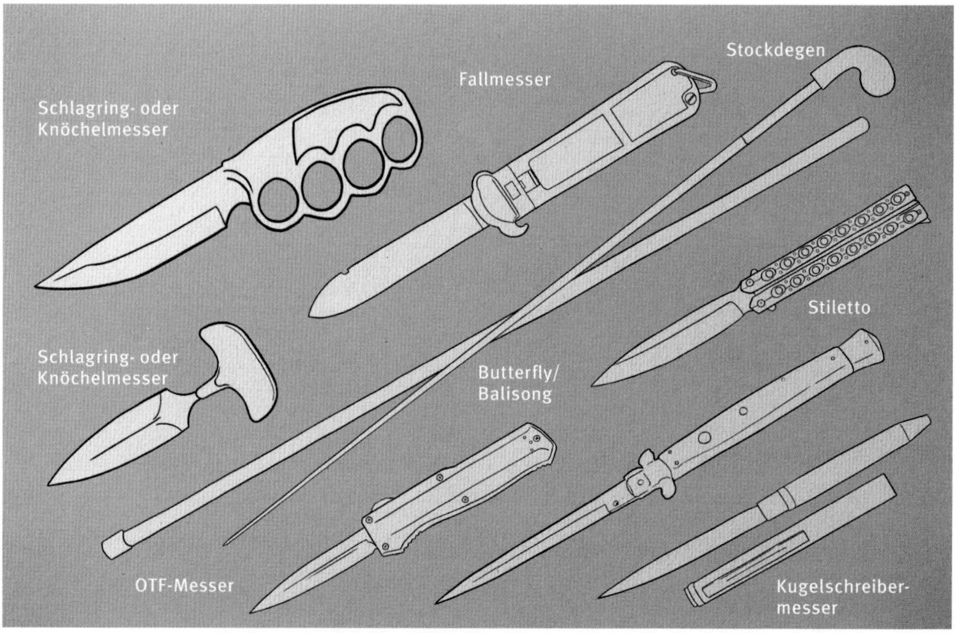

Verbotene Messer

verwirrend. Es kann sich nach Erscheinen dieses Buches auch schon wieder vieles geändert haben. Es gibt scheinbar nichts, was sich so schnell ändert, wie Gesetze bzgl. Messer in Österreich und Deutschland. Wer auf der sicheren Seite sein will, welche Gesetzeslage gerade aktuell ist, erfährt dies gut erklärt z. b. auf folgenden Seiten: www.knife-blog.com und https://bergschneid.at/rechtliche-infos.

Denn es gilt hier sonst der Grundsatz: „Unwissenheit schützt vor Strafe nicht!“

Bedenken Sie aber: Ein Täter oder Angreifer kümmert sich nicht um Gesetze, Fairness oder Verbote und Strafen!

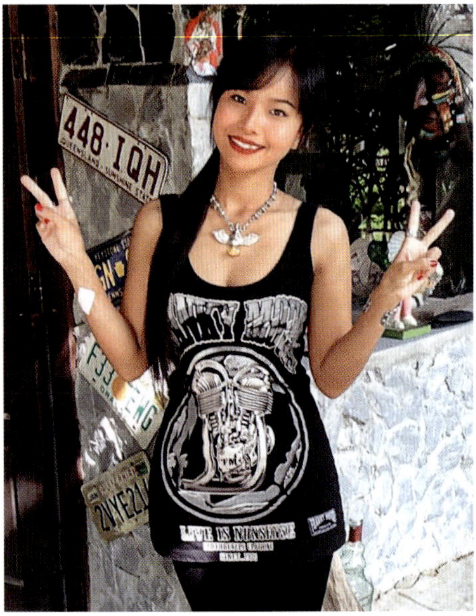

Diese süße Thai trägt, im Anhänger ihrer Kette verborgen, einen Stoßdolch mit einer 4,5 cm langen Klinge. Es ist die Freundin meines Jagdkommandokameraden Joe, der selbst Messer und Schmuck erzeugt.

Auch Frauen sind potentiell als gefährlich einzustufen und haben auch schon den einen oder anderen Mann schwer verletzt oder getötet.

Am 21. November 2020 nahm eine 28-jährige IS-Sympathisantin aus einem Kaufhausregal in Lugano in der Schweiz ein Messer und attackierte damit plötzlich zwei Frauen, eine davon verletzte sie schwer (Stich in den Hals), bevor sie von einem Paar gestoppt (an den Haaren gezogen und fixiert) werden konnte.

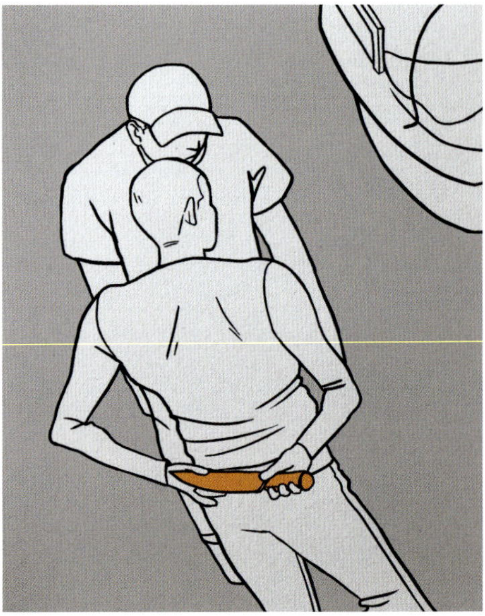

Hier hielt der Angreifer zunächst das Messer, das er unter seinem Shirt am Rücken geführt hat, verborgen und sprach mit dem Opfer. Er versetzte diesem dann überraschend und plötzlich einen Bauchstich.
Es sieht so aus, als wäre die Klinge tief eingedrungen. Der Gestochene wich zurück, wurde beim Weggehen schneller, wurde aber vom Stecher verfolgt. Der Angreifer wollte weiter zustechen, das Opfer war aber auf der Hut, konnte mehrmals ausweichen und schaffte es, den Stecher mit einem einzigen Faustschlag zu Boden zu schicken. Der Gestochene versetzte dem am Boden liegenden Stecher mehrere Fußtritte am Kopf, die Wirkung erzielten, denn der Stecher lag bald regungslos da. Dann war das Video aus.

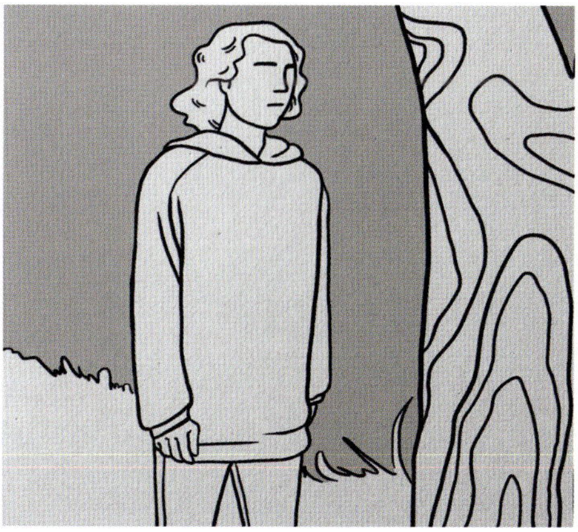

Foto von der Videoaufnahme einer US-Polizei-Bodycam – der junge Mann hatte in seiner linken Hand verborgen ein Messer (Eispickelgriff), mit dem er den Polizisten, der länger mit ihm sprach, plötzlich attackierte. Der Polizist reagierte sehr gut und wehrte den Angriff ab, woraufhin der Täter davonlief, verfolgt vom Polizisten. Während des Laufes zog er seinen Taser, mit dem er, sobald er nah genug war (er braucht mindestens 5 Meter für die Drahtlänge), auf den Flüchtenden schoss. Der Flüchtende ging, nachdem er getroffen worden war, sofort zu Boden, wo ihm der Beamte Handschellen anlegte.

Viele plötzliche hinterhältige Attacken geschehen in der Realität, indem sich der Messermann an sein Opfer heranredet und das Messer verborgen hält. „Schließen wir Frieden, Hand drauf“, so kommt er zum Beispiel näher. Bei einer Variante wäre die rechte Hand ausgestreckt, in der linken würde er verborgen im Eispickelgriff das Messer halten[12]. Sobald man ihm die Hand reicht, macht er einen Ausfall mit seiner linken Hand und sticht den Gegner (Stichhaltung Daumen nach oben) in die Nieren oder die Seite. Es ist sehr verbreitet bei unvorhersehbaren Attacken, wie ich feststellte, dass der Angreifer sein Opfer zunächst festhält. Meist am Kragen oder am Hals, aber auch an der Hand.

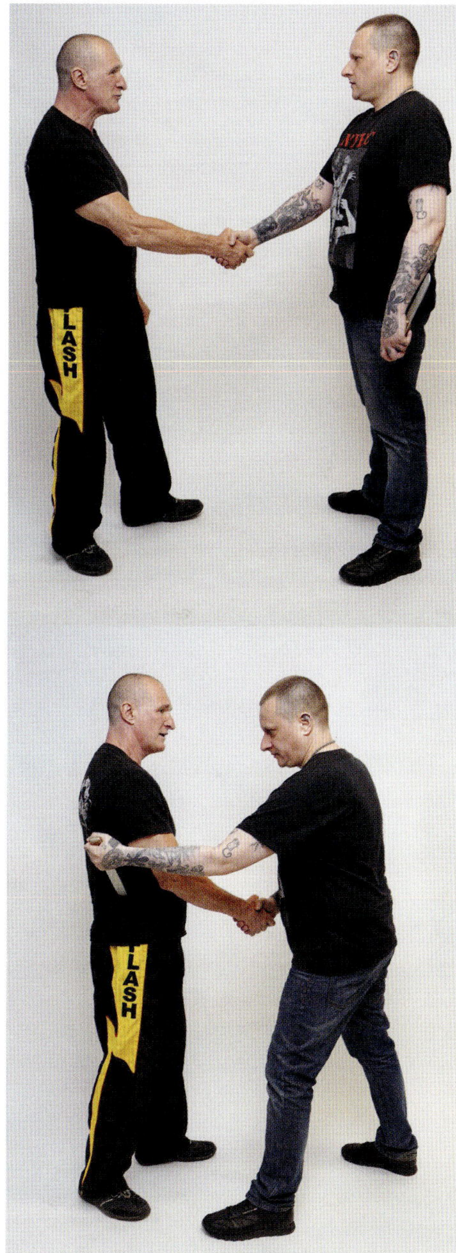

Man selbst denkt nichts Böses, wenn sich da der Angreifer an einen heranredet und einem den Frieden anbietet. Und schon hat man einen Nierenstich (meist absolut tödlich) bekommen.
Beide Fotos: © Ernst Angerbauer

12 Z. B.:https://www.youtube.com/watch?v=KaHozCujrZc

VORHERSEHBARE ANGRIFFE, BEDROHUNG UND NOTHILFE

„So, jetzt stech' ich dich ab!", stößt das Gegenüber hervor und steht mit dem Messer in der Hand bedrohlich vor Ihnen. Ob er wirklich zustechen wird oder ob es bei der Drohung bleibt, wir wissen es nicht! Auch besteht die Möglichkeit, das es noch kein gezogenes Messer und keine Drohung gibt, Sie das Messer bei einem möglichen Aggressor aber erahnen, weil er es am Körper führt (Messerclip an der Hosentasche, am Gürtel befestigt, um den Hals an einer Kette ...), es aber noch nicht gezogen hat bzw. es gerade ziehen will.

Ich habe als Security solche Situationen entschärft bzw. Männer daran gehindert, das Messer zu ziehen, indem ich einfach die Messerhand ergriffen und fixiert habe. Also seine Hand, die gerade in die Tasche nach dem Messer gegriffen hat (habe es z. B. am Clip erkannt), gepackt habe. Ich mache das aber auch, wenn jemand ein Glas oder eine Flasche in der Hand hält. Hier geht mein Griff direkt an die Hand und den Gegenstand. So verhindere ich die Möglichkeit, die Flasche oder das Glas ins Gesicht zu bekommen. Natürlich folgt dann der richtige Dialog, wie „Das brauchen wir jetzt nicht, wir können uns wie Erwachsene normal und friedlich unterhalten!".

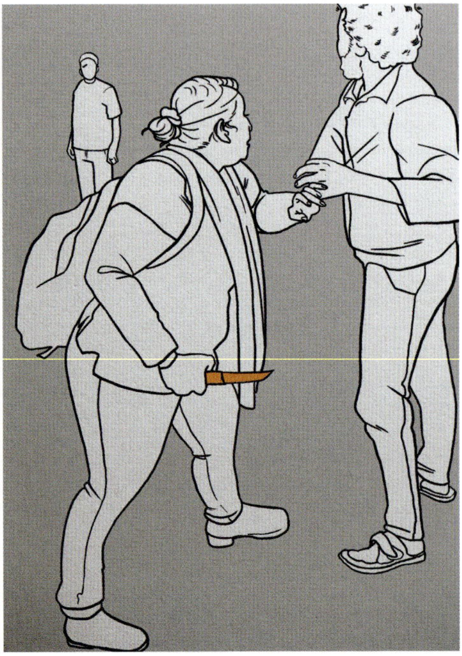

Hier erkannte der Mann die Gefahr nicht, in der er sich befand. Er drehte sich weg und sprach mit anderen. Richtig wäre es gewesen, die Messerhand zu ergreifen, zu blockieren und das Messer im Auge zu behalten. Nachdem die Frau ihm zuvor einen Bauchstich versetzen hatte wollen, dem er durch Zurückziehen des Bauches entgangen war, sollte er erst recht gewarnt sein. Er versetzte der Frau aber nur zwei Ohrfeigen und bekam dafür doch einen Bauchstich, über den er überrascht zu sein schien. Er ging noch weiter mit Ohrfeigen gegen die Frau vor, die seelenruhig ihr Messer in eine Scheide steckte. Das Video war dann aus.

Einmal stellte ich auch einen Autoknacker, der mit einem Schraubenzieher die Scheiben der Autos aufdrückte. Beim Einschreiten und Fixieren von mir ging ich so vor, dass er den Schraubenzieher, den er, als er mich gesehen hatte, in eine Tasche seiner Jacke gesteckt hatte, nicht überraschend ziehen und damit auf mich einstechen konnte. Ich blockierte rasch beide Bizepse von ihm, so hinderte ich ihn daran, den Schraubenzieher zu ziehen. Weiters drückte ich ihn in einen Hauseingang, wo ich ihn bis zum Eintreffen der Polizei in Schach hielt. So ein Schraubenzieher kann auch zu einer tödlichen Waffe werden bzw. schwere Verletzungen verursachen.

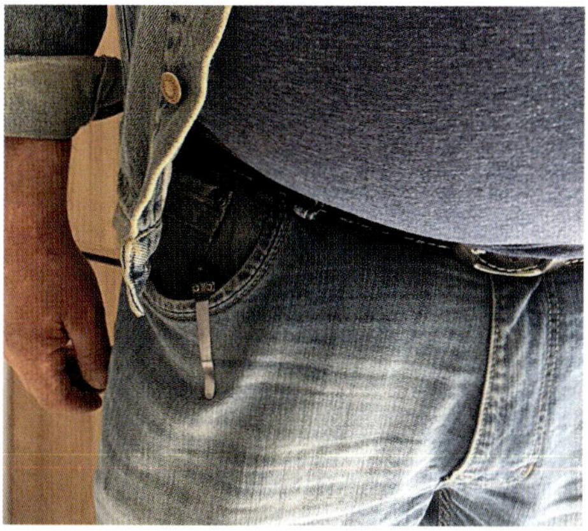

Messer mit Clip in der Hosentasche. Es gibt Experten, die irrsinnig schnell sind, so ein Messer zu ziehen, zu öffnen und damit zuzustechen oder zu schneiden. Wichtig ist es für Sie, das Messer und die eventuell bestehende Gefahr zu erkennen.

DIE BIZEPSKONTROLLE

Die Bizepskontrolle ist meist der Unterarmkontrolle (die Messerhand am Knöchel ergreifen) vorzuziehen, wenn der Angreifer das Messer schon in der Hand hat.[13] Ein Könner schneidet Ihnen da nämlich schon über den Unterarm oder die Finger. Oft lässt das Geschehen auch nur eine Bizepskontrolle zu, z. B. wenn der Angreifer weit nach hinten ausholt oder sich in mittlerer Distanz befindet.

> Diese sollte situationsangepasst und bei einem Beruhigungsgespräch noch nicht so fest sein, um das Gegenüber nicht wütend zu machen.

Ansonsten sollten Sie am Bizepsübergang zum Trizeps fest mit den Fingern in den Muskel drücken, der Daumen drückt zusätzlich fest in die Oberarmarterie, was Schmerz bereiten kann.

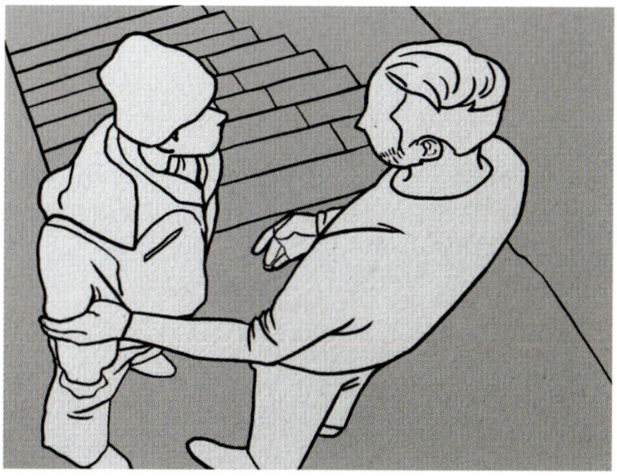

Das Video begann damit, dass der Türsteher dem jungen Mann den Eintritt verwehrte, woraufhin es zuerst einen Dialog gab und der junge Mann ein Taschenmesser zog, das er mit beiden Händen öffnete. In diesem Moment hätte ich schon reagiert und den Messerhelden unter Kontrolle gebracht. Der Türsteher fasste aber nur mit seiner linken Hand den Bizeps der Messerhand. Zweimal versuchte nun der junge Mann, dem Türsteher einen Bauchstich zu versetzen, was dieser aber sehr gut durch seine Bizepskontrolle abwehrte. Dann reichte es ihm und er schlug mit einer Links-Rechts-Kombination zu, sodass der Messerheld die Stufen runtersegelte und k. o. liegenblieb.

13 Z. B. : https://www.youtube.com/watch?v=NqCj10Zjaxw

DIE BEREITSCHAFTSSTELLUNG

Ein wichtiger Punkt, wenn Sie so einem Messermann gegenüberstehen, ist, welche Stellung Sie dabei einnehmen. Ich bevorzuge und empfehle als Position eine nicht martialische, die das Gegenüber noch vorsichtiger werden lässt, weil man zeigt, dass man ein Kämpfer ist. Auch sollte man Zeugen gegenüber nicht als der Aggressive erscheinen. Es könnte nämlich durchaus passieren, dass Sie vielleicht am Ende vor Gericht als der Böse dargestellt werden, der unbedingt kämpfen wollte.

Wir wollen aber deeskalieren und jeden Kampf vermeiden.

Dabei nehmen wir dennoch eine Stellung ein, bei der wir jederzeit bereit sind, einen Angriff abzuwehren. Wir sollten so stehen, dass wir möglichst wenig verletzbare Ziele bieten, aber auch jederzeit selbst aktiv werden können.

In dieser Bereitschaftsstellung sollten wir eher seitlich dem Gegner zugewandt sein (Vermeidung eines Bauchstiches), die Handflächen sind offen und zeigen zueinander bzw. berühren sich (Bitte-Position).

Wir machen keine Faust, denn wir sind ja friedlich und ein Schnitt über die Knöcheln würde bewirken, dass wir nicht bzw. nur mehr schwer greifen können.

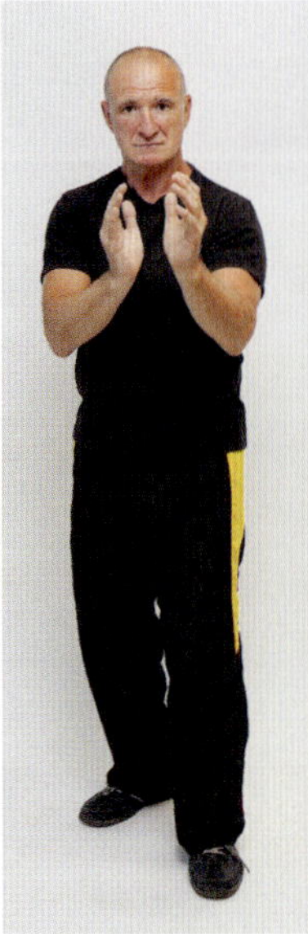

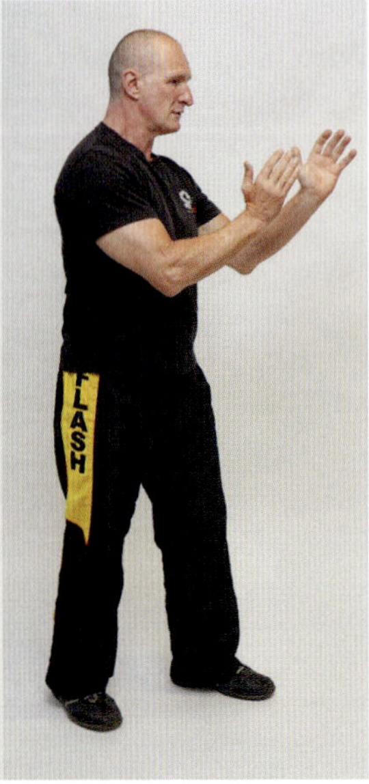

Die Bereitschaftsstellung von der Seite und von vorne. Diese Stellung sollten Sie so rasch wie möglich einnehmen, sobald Sie das Gefühl haben, dass Stichwaffen im Spiel sein könnten. Oft ist es, wie oben erwähnt, von Vorteil, schon präventiv zu agieren und die Situation unter Kontrolle zu bringen, bevor Stichwaffen eventuell zum Einsatz kommen oder gezogen werden.
Beide Fotos: © Ernst Angerbauer

„Bitte tu mir nichts", deuten wir an und sagen wir auch dem Messermann, wir sind aber in Gedanken schon am Überlegen, wie wir einen etwaigen Angriff parieren könnten. Durch diese Armhaltung fällt es auch schwerer, dass wir über die Innenseite der Unterarme geschnitten und so schwer verletzt werden können.

TECHNIKEN GEGEN STICH- UND SCHNITTANGRIFFE

Generell bin ich kein Freund von Hebeltechniken bei Messerangriffen und finde, dass man diese, wenn man sie nicht 100 % beherrscht, besser nicht machen sollte. Dennoch werden wir hier jetzt einige Beispiele auch mit Hebeln vorstellen, die in gewissen Situationen durchaus hilfreich sein können, weil sich dadurch, wenn sie oftmals trainiert worden sind, eine flüssige Bewegung ergibt.

Was beim Training von vielen Techniken immer wieder geübt wird, ist, dass der Angreifer das Messer meist von der einen in die andere Hand nimmt, falls die Messerhand blockiert wird. Dies wird in der Realität kaum praktiziert, ich sah es bei Hunderten Videos vielleicht ein- oder zweimal. Ein Handwechsel ist bei einem scharfen Messer, bei dem es die Gefahr der Eigenverletzung gibt, und bei der Dynamik des Kampfes meist unrealistisch. Auch hat jeder Mensch eine favorisierte Hand, mit der er seine Tätigkeiten ausführt, und tut sich schwer, mit der anderen etwas zu machen.

Wichtig ist es bei allen Techniken, die Messerhand nie loszulassen.

Hebeltechniken sollten immer mit Schlag- oder Tritttechniken kombiniert oder verbunden werden. Bevor ich z. B. das Ellbogengelenk der Messerhand heble, schlage ich mit dem Unterarm in den gestreckten Ellbogen. Oder es erfolgt ein Faustschlag ins Gesicht oder auf den Handrücken, wo das Messer gehalten wird.

Entweder lässt der Angreifer aufgrund der Schmerzen das Messer fallen oder man hebelt es ihm aus der Hand (Finger überstrecken), da der Körper angeschlagen ist. Bringen Sie sich nach der Verteidigung in Sicherheit (mit oder ohne Messer) oder kontrollieren Sie den Angreifer, um ihn der Polizei zu übergeben.

Natürlich gibt es zur Messerabwehr am Boden noch etliche andere Varianten, bei denen Sie oben oder unten seitlich liegen, aber auch unterschiedlich festgehalten werden. Man sollte zuerst aber so wie immer die Messerhand unter Kontrolle bringen und diese nie loslassen. Trainieren Sie einfach verschiedenste Varianten.

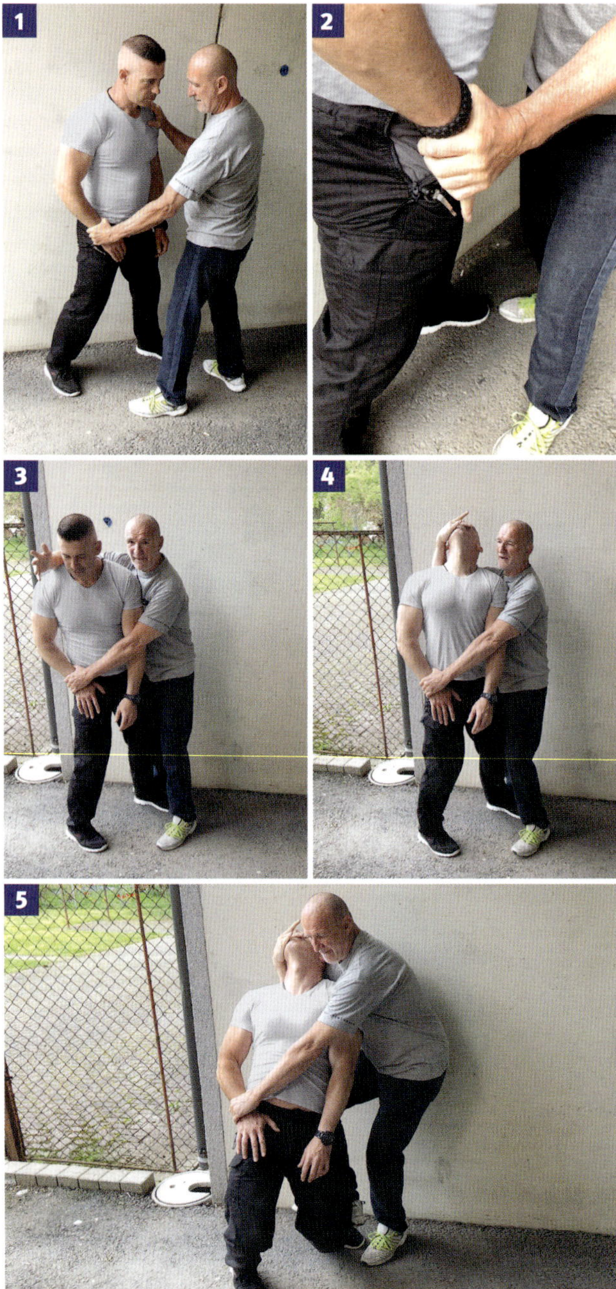

(1) In dieser Situation merke ich, dass mein Gegenüber sein Messer ziehen will. Ich ergreife sogleich seine Hand, ideal ist es, wenn ich in so einem Fall ein Stück der Kleidung oder den Gürtel miterfasse. (2) In dem Fall sollte ich meinen Daumen beim Hosenbund miteinhaken. (3) Ich drehe mit meiner rechten Hand den Gegner und bewege mich hinter ihn in eine günstigere Position. Seine beiden Hände blockiere ich dabei durch meine linke Hand. So kann ich erstmal gefahrlos mit ihm reden. (4) Ist er nicht einsichtig, drücke ich fest mit meinem Daumen unter der Nase schräg nach hinten. Ich wirke die ganze Zeit freundlich auf den Mann ein. „Das brauchen wir nicht, mein Freund. Du bist ja ein friedlicher Mensch!" (5) Merke ich, dass mein Gegenüber auf Konfrontation aus ist und weiter gegen mich vorgehen will, setze ich einen Fuß von mir in seine Kniekehle und bringe ihn kontrolliert zu Boden. Dort fixiere ich ihn und entscheide über mein weiteres Vorgehen. Das dauernde Reden dabei hat auch den Sinn, dass der Kontrollierte sich auf meine Worte konzentrieren muss und nicht auf die Idee kommt, sich zu wehren.

Alle Fotos: © Ernst Angerbauer

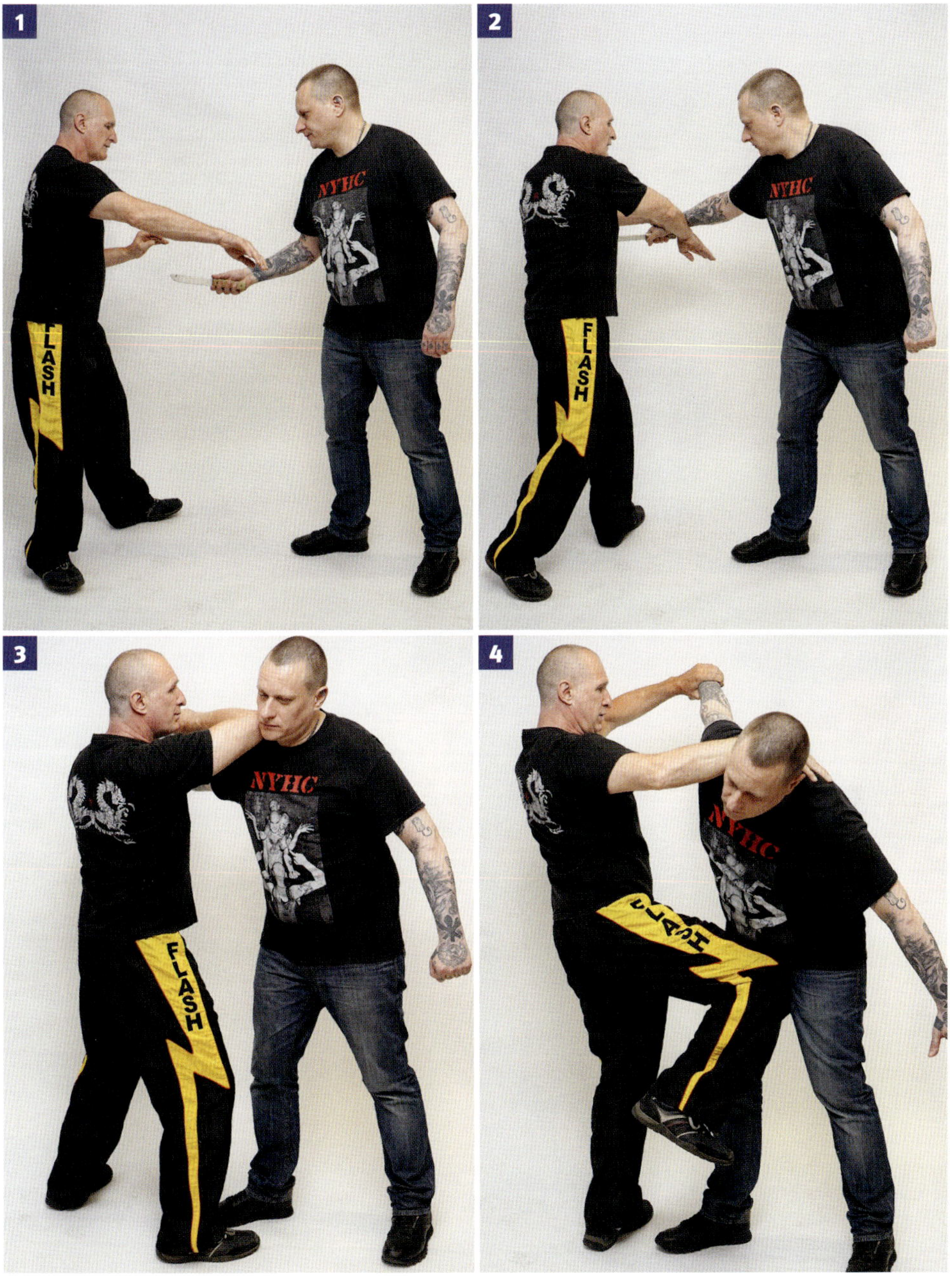

(1) Ich blocke oder fege den Bauchstich mit der rechten Hand weg und (2) ergreife sofort mit meiner linken Hand die Messerhand. (3) Es erfolgt ein Ellbogenstoß zum Kopf, woraufhin (4) die rechte Hand hinter den Kopf greift und gleichzeitig mit einem Kniestoß in die Hoden den Kopf nach vorne reißt.

Alle Fotos: © Ernst Angerbauer

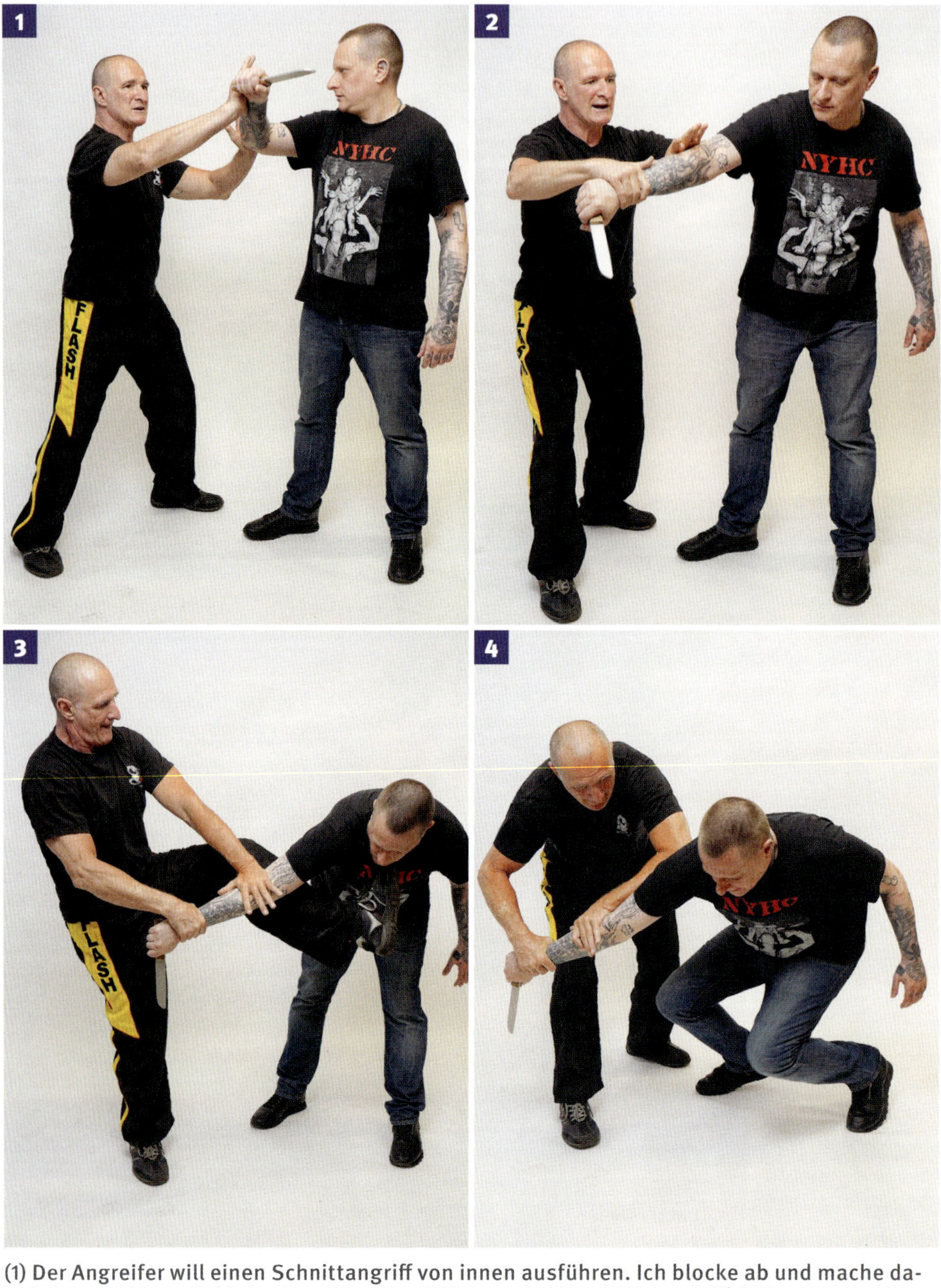

(1) Der Angreifer will einen Schnittangriff von innen ausführen. Ich blocke ab und mache dabei einen heftigen Schlag mit meiner Handfläche auf seinen Ellbogen. (2) Mit meiner rechten Hand fixiere ich die Messerhand und ziehe diese nach oben. Mit der linken Hand drücke ich den Arm gleichzeitig nach unten, was einen schon schmerzhaften Hebel ergibt. (3) Es erfolgt nun ein Fußtritt zum Kopf (ins Gesicht). (4) Zum Abschluss drücke ich den Angreifer durch eine weitere Hebelung des Ellbogens zu Boden, sodass er auf dem Bauch zu liegen kommt. So kann ich ihn kontrollieren und das Messer an mich nehmen oder die Flucht ergreifen.

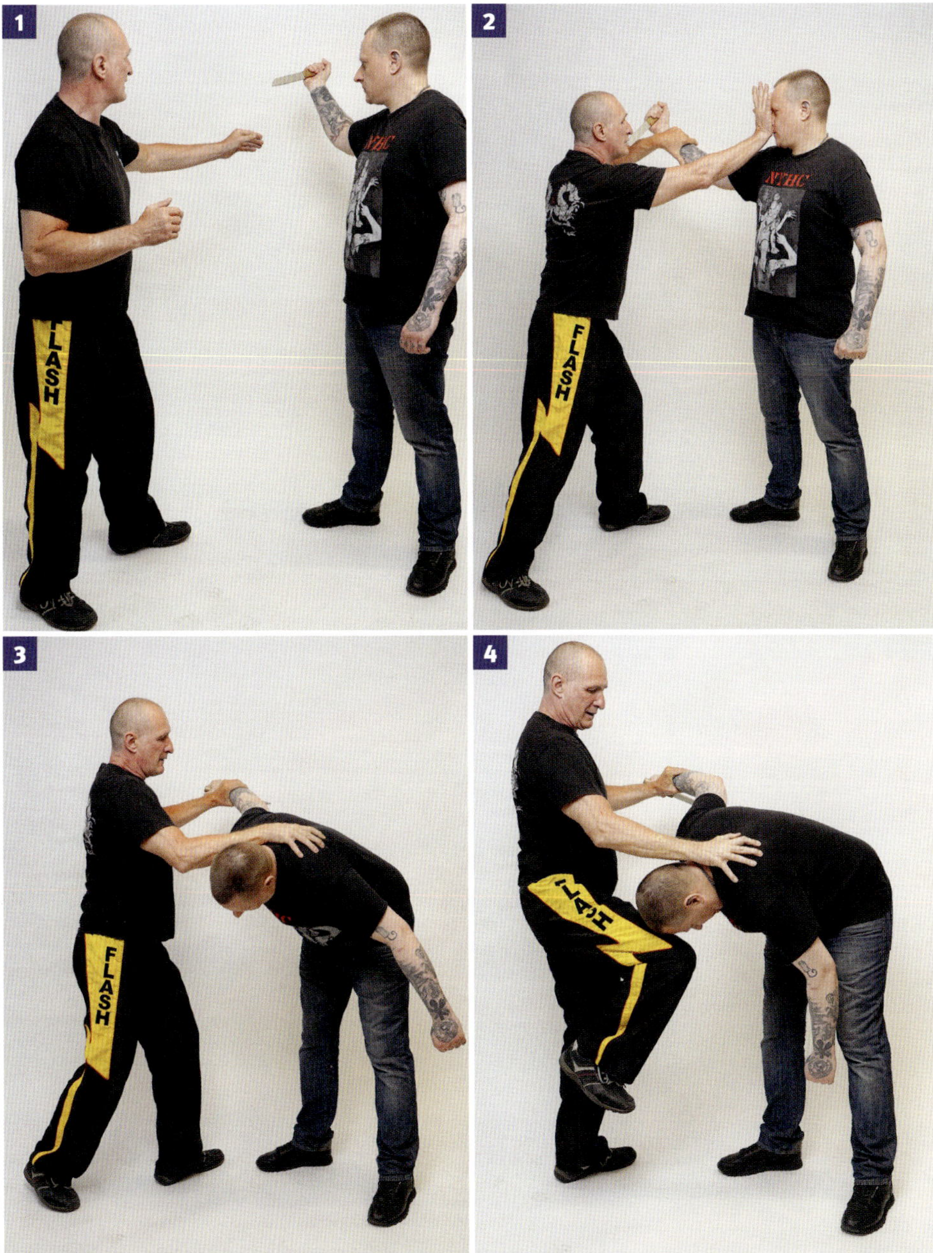

(1) Der Angreifer sticht von außen nach innen. (2) Ich greife bzw. blocke die Stichhand mit einem gleichzeitigen Handballenschlag auf die Nase. (3) Dann ziehe ich den Oberkörper nach vorne rein (4) in meinen Kniestoß zum Kopf, lasse dabei aber die Messerhand nicht los. Natürlich kann ich diesem Kniestoß noch weitere folgen lassen, so lange, bis der Angreifer k. o. vor mir liegt oder ich andere Abschlusstechniken (Ellbogen in den Nacken, Fußspann in den Unterleib) folgen lasse.

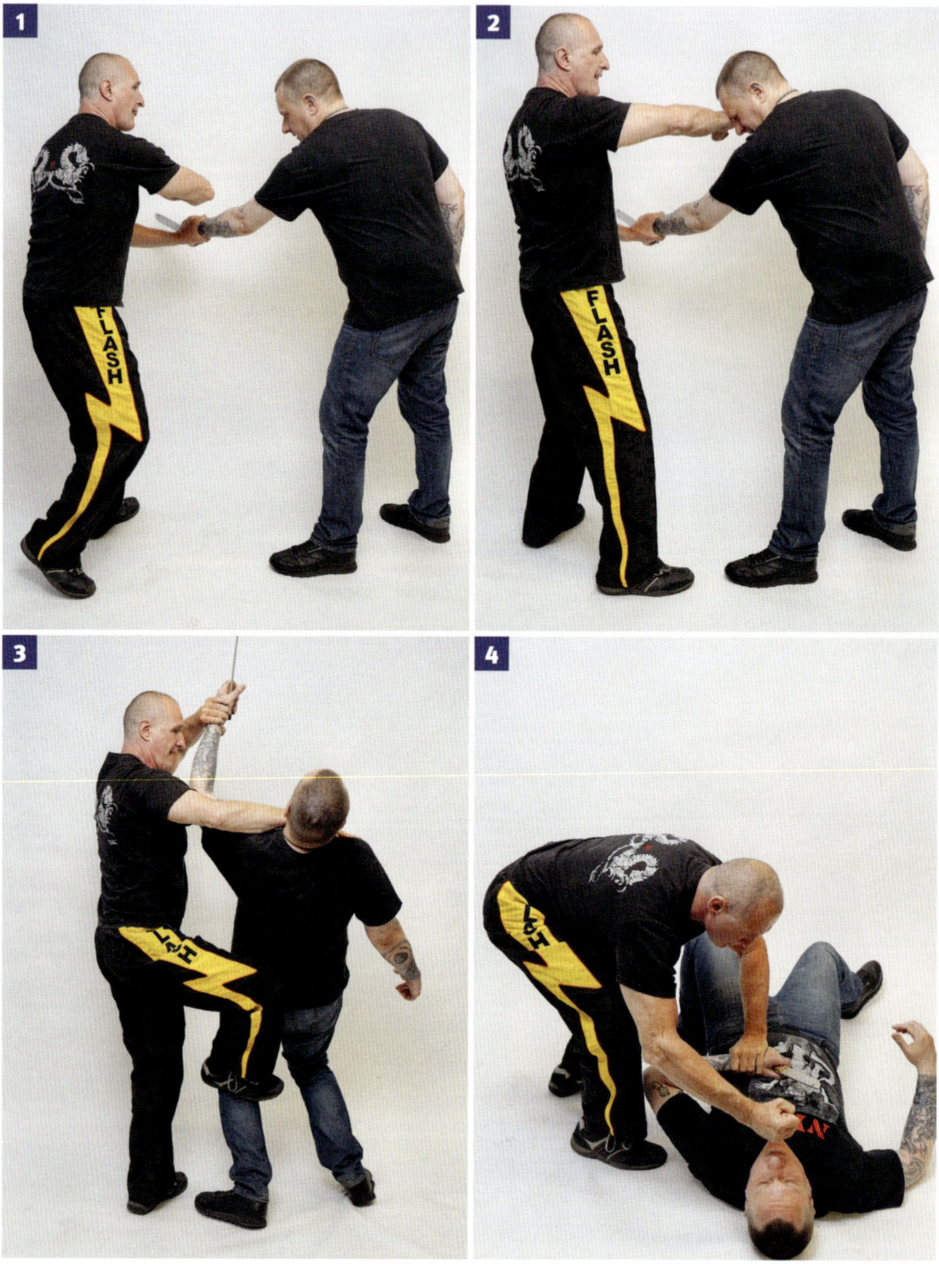

(1) Ich fange den Bauchstich ab oder ich leite ihn vorbei und greife dann die Messerhand. (2) Ich ziehe die Messerhand an mir vorbei und lasse gleichzeitig eine Hammerfaust auf die Nase des Angreifers folgen. (3) Durch einen Schritt nach vorne und seitlich und den Zug an der Messerhand gelange ich seitlich zum Angreifer. Durch einen Tritt in die Kniekehle und durch Druck mit meiner Hand auf seine Kehle bringe ich ihn zu Boden, (4) wo ich ihm zum Abschluss noch eine Hammerfaust versetze. Falls es aufgefallen ist, der Angreifer führt hier sein Messer mit der linken Hand. Daher ist es wichtig, im Training als Angreifer die Attacken zu variieren, damit Sie die verschiedensten Situationen üben können.
Alle Fotos: © Ernst Angerbauer

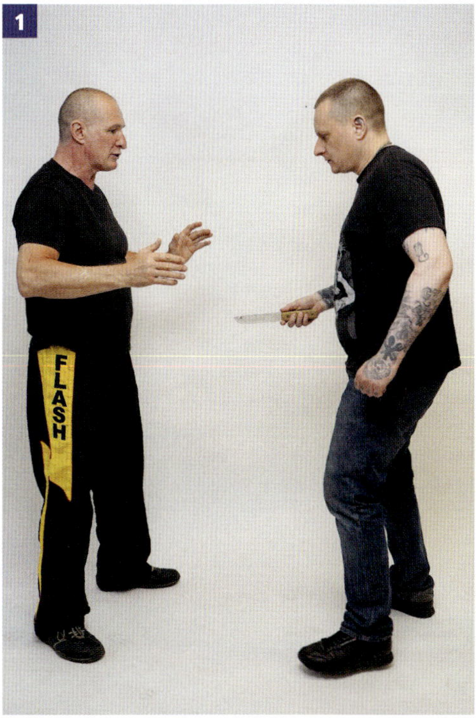
1
FLASH

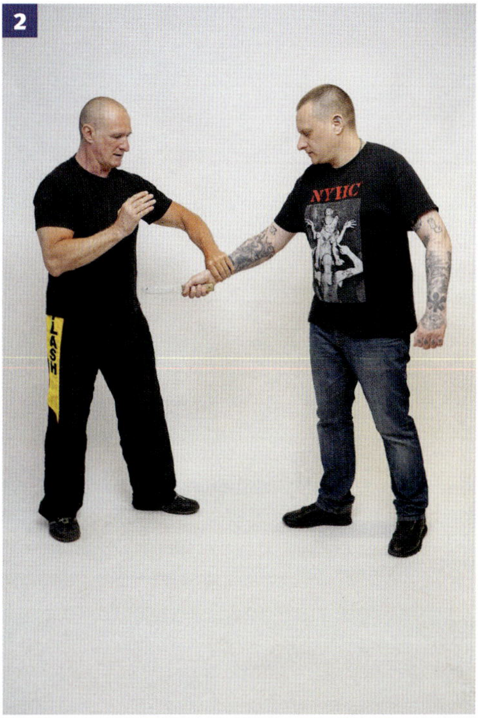
2
NYHC

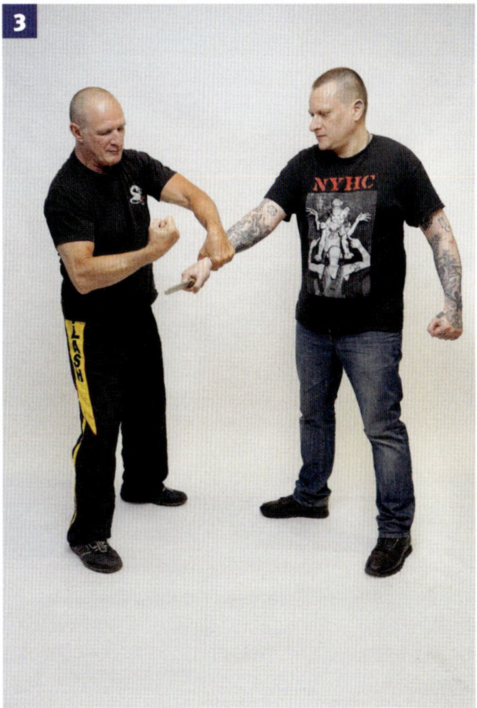
3
NYHC

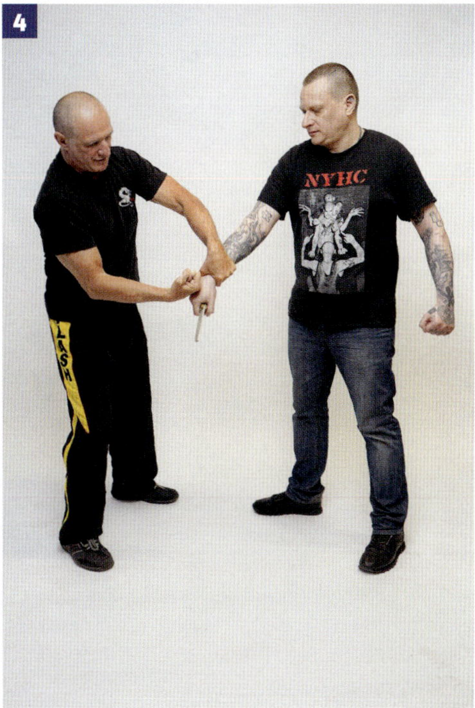
4
NYHC

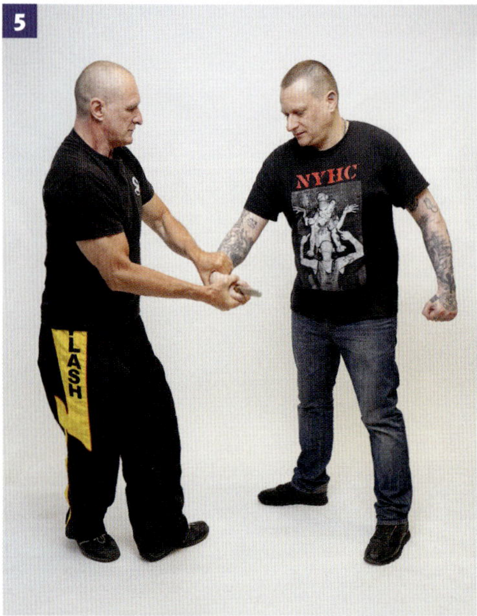

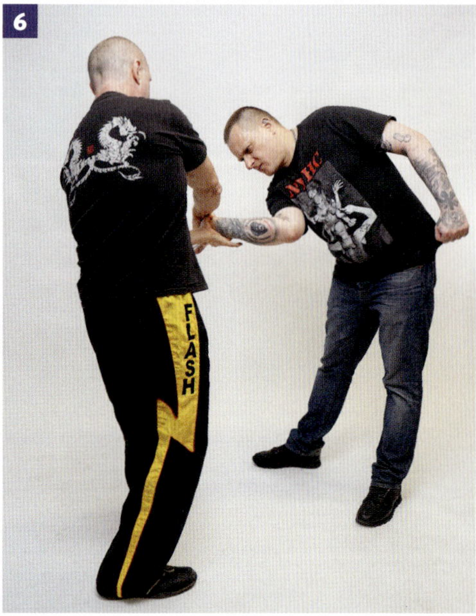

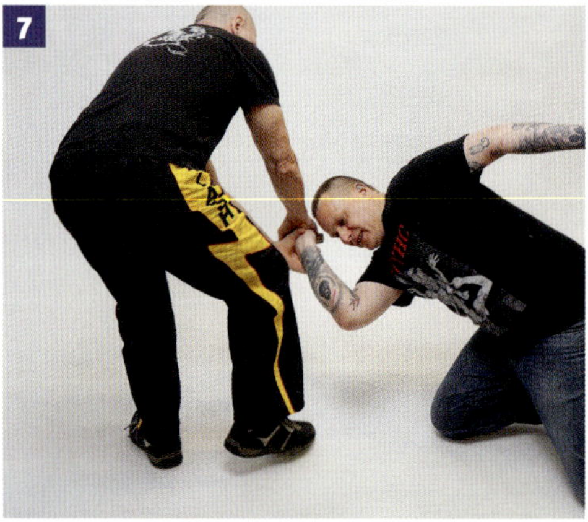

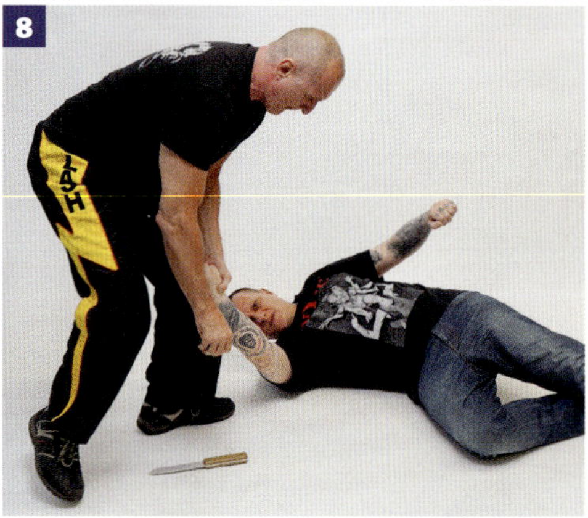

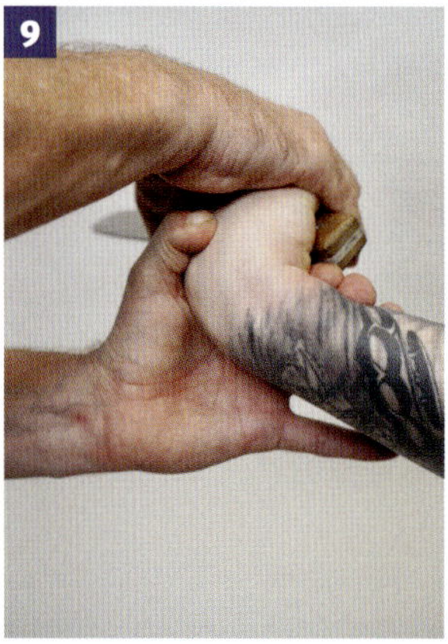

(1) und (2) Ich fange den Bauchstich ab, wobei mein Handgriff von oben mit dem Daumen zu mir erfolgt. (3) und (4) Es folgt ein Schlag mit meinen Handknöcheln der Faust auf die Handrückseite der Messerhand. Meist lässt der Angreifer aufgrund dieses Schmerzes und der Überraschung das Messer fallen. (5) Als Nächstes packe ich mit meiner rechten Hand die Finger des Handgelenkes und (6) drehe diese fest nach hinten Richtung Boden. (7), (8) und (9) Will sich der Angreifer nicht eine Gelenksfraktur zuziehen, muss er wohl oder übel zu Boden gehen. Übrigens ist der Hebel sehr schmerzhaft und in dieser Situation aber insofern sinnvoll, da durch den Handknöchelschlag meist das Messer aus der Hand geschlagen wird und es danach eine flüssige Bewegung rein in den Hebel gibt.

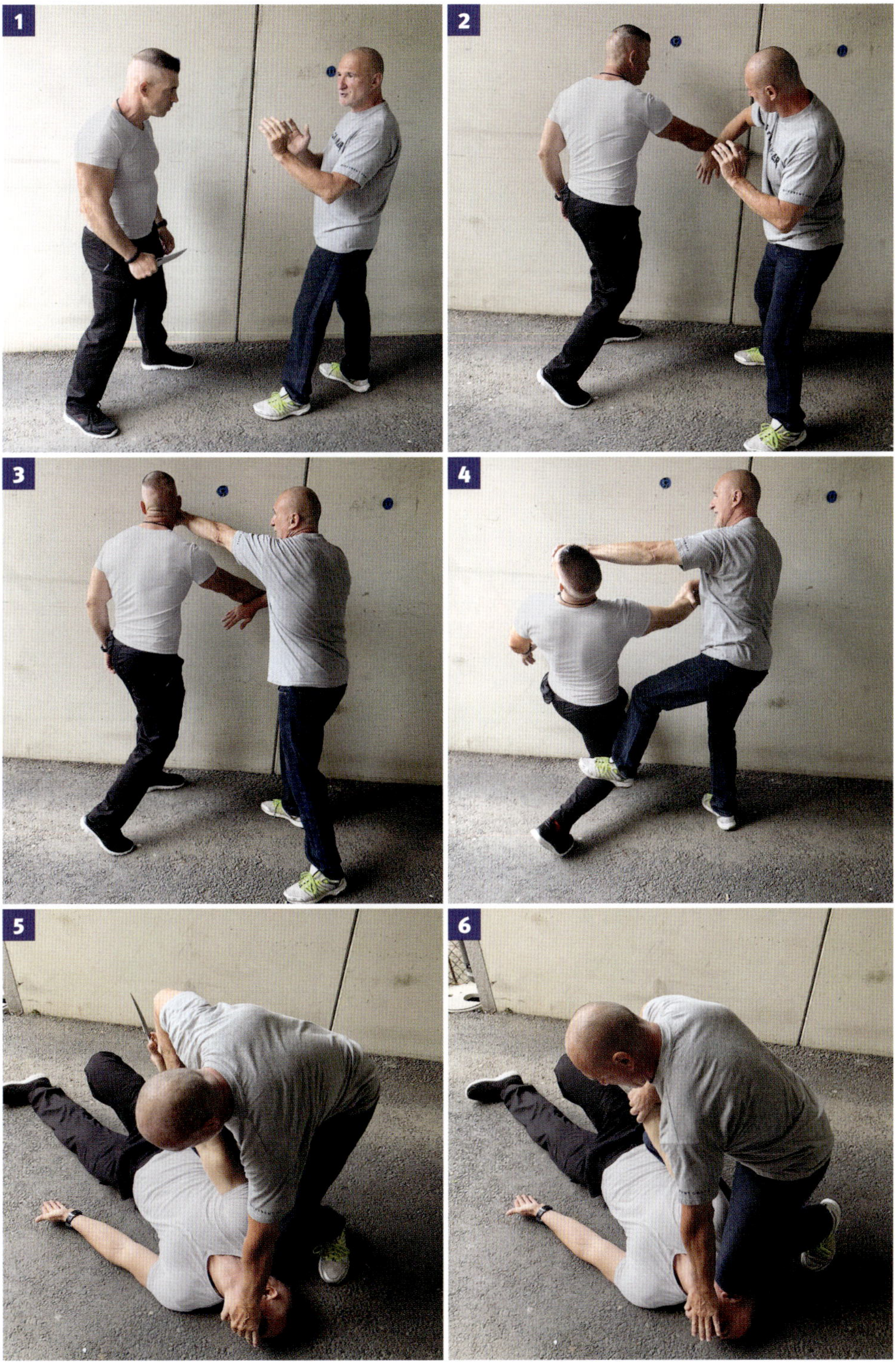

Alle Fotos: © Ernst Angerbauer

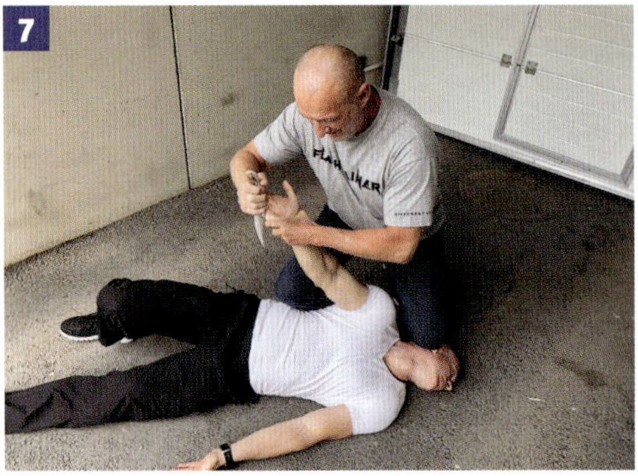

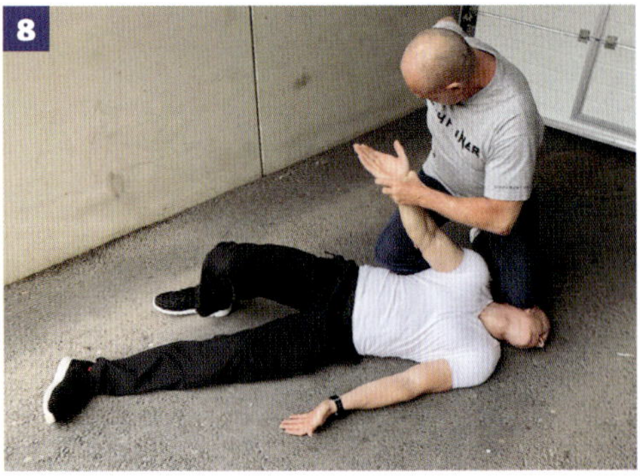

(1) und (2) Ich fege den Bauchstich kräftig vom Ziel Bauch weg. (3) Es folgt ein umgekehrter Schlag mit dem Handballen zu Nase oder Mund. (4) Die linke Hand verbleibt dort (ideal unter der Nase mit dem Handrücken) und übt einen Druck nach schräg nach hinten unten aus. Die rechte Hand hat gleichzeitig die Messerhand gegriffen. Ich steige in die Kniekehle und bringe den Angreifer zu Boden. Die Messerhand habe ich die ganze Zeit fest fixiert. (5) Ich überstrecke mit dem Nasenhebel das Genick und (6) platziere mein Knie knapp unter dem Ohr am Kopf, was schon sehr schmerzhaft ist. (7) Die Messerhand überstrecke ich über meinen Oberschenkel, was ebenfalls schmerzhaft ist. Jetzt sollte es ein Leichtes sein, das Messer, falls es noch in der Hand ist, herauszudrehen. (8) Das Messer versorge ich am besten seitlich in meiner Hose. Hinten würde die Gefahr bestehen, dass es andere entwenden und auf mich damit einwirken können. Gefährlich an dieser Fixiertechnik kann sein, dass es, wenn zum Beispiel mit dem Knie auf den Hals eingewirkt wird, zu Atemnot und zum Erstickungstod (Positionelle Asphyxie) kommen kann. Noch dazu wenn der Angreifer unter Drogen ist. Details finden Sie dazu in meinem Buch *Geflasht 1 – Moderne Selbstverteidigung*. Daher das Knie immer nur am Ohr oder dem Kiefer belastet positionieren. Ist der Angreifer so fixiert, habe ich Zeit, weiter gesetzeskonform vorzugehen, Also die Polizei und/oder die Rettung zu rufen oder rufen zu lassen. Eventuell kann ich den Messermann auch fesseln. Alle Fotos: © Ernst Angerbauer

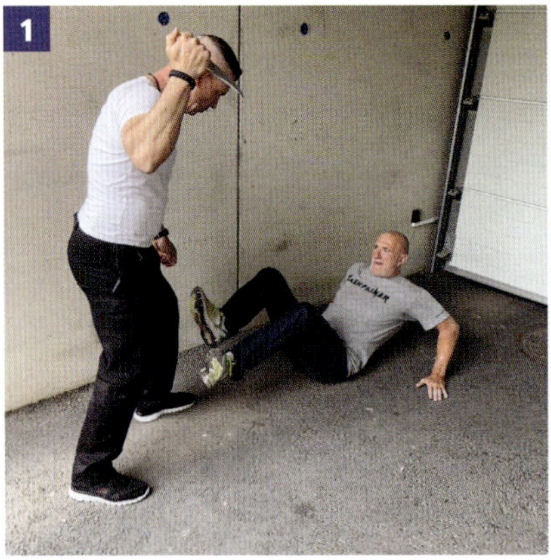

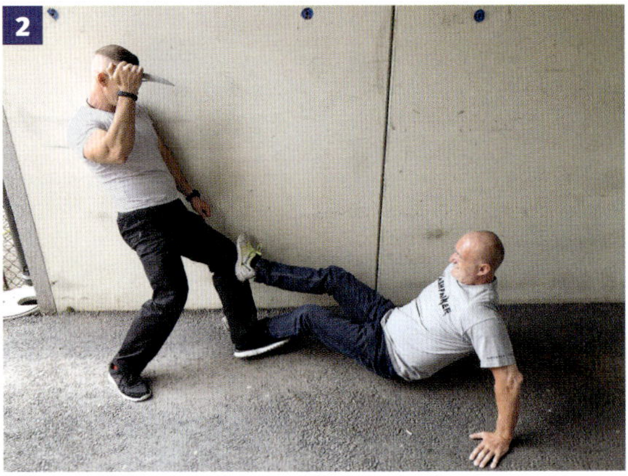

(1) Ich habe die Bodenschutzstellung eingenommen, aus der ich mit Tritten zum Knie, Schienbein oder den Hoden (oft schwer zu treffen) versuche, den Angreifer auf Distanz zu halten. (2) Ich kann aber auch durch Einhaken meiner Füße einen Hebel bei einem (meistens dem vorderen) der Füße des Angreifers bewirken, dass er zu Fall kommt. Dabei ziehe ich meinen unteren eingehakten Fuß zu mir und schiebe mit dem anderen Fuß, den ich am oder knapp unter dem Knie des Angreifers platziert habe. Kräftig ausgeführt, bewirkt es, dass der Angreifer nach hinten fällt, im blödesten Fall (passiert aber kaum) fällt er nach vorne auf mich drauf. Rechnen Sie immer mit allem und trainieren Sie alle Varianten.
Alle Fotos: © Ernst Angerbauer

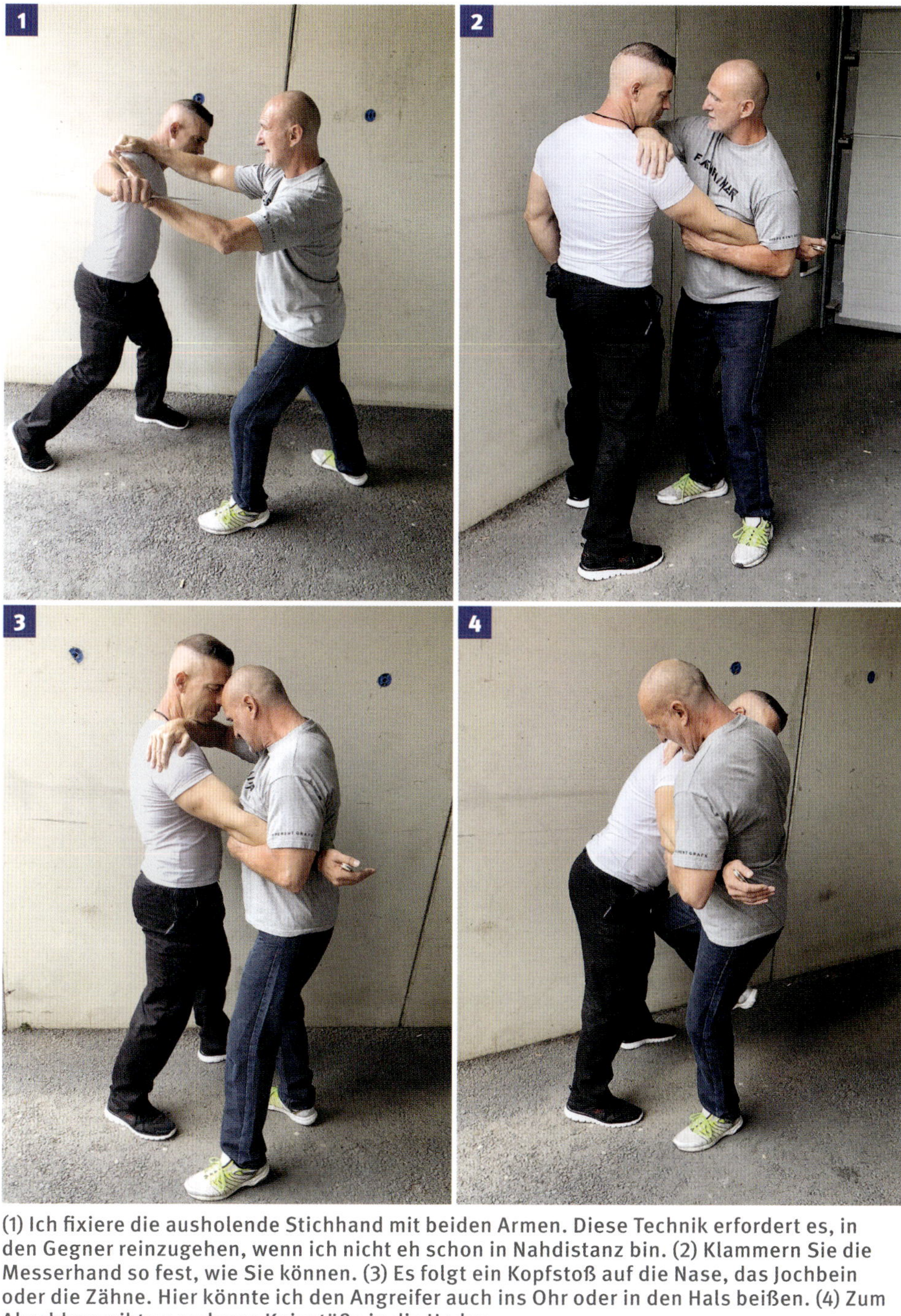

(1) Ich fixiere die ausholende Stichhand mit beiden Armen. Diese Technik erfordert es, in den Gegner reinzugehen, wenn ich nicht eh schon in Nahdistanz bin. (2) Klammern Sie die Messerhand so fest, wie Sie können. (3) Es folgt ein Kopfstoß auf die Nase, das Jochbein oder die Zähne. Hier könnte ich den Angreifer auch ins Ohr oder in den Hals beißen. (4) Zum Abschluss gibt es mehrere Kniestöße in die Hoden.

Alle Fotos: © Ernst Angerbauer

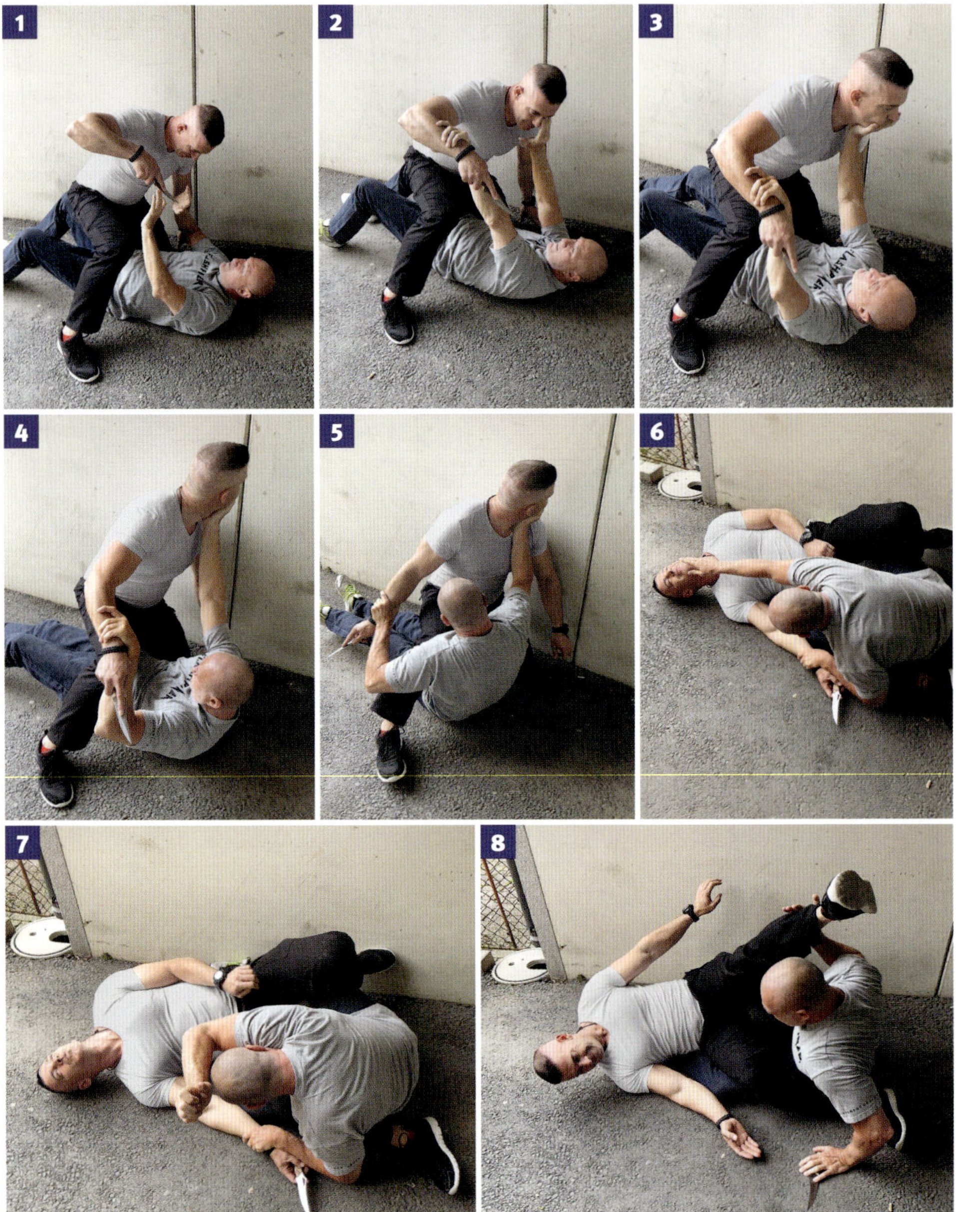

(1) und (2) Als erstes fixiere ich fest die Messerhand und lasse gleichzeitig einen Fingerstich zu einem Auge folgen. (3) und (4) Die fixierte Messerhand ziehe ich zu mir, gleichzeitig aber verdreht meine rechte Hand den Kopf des Angreifers nach hinten. (5) Dabei versuche ich, mich aufzurichten (da sind auch ein wenig die Bauchmuskeln gefordert). (6) Habe ich es geschafft, den Angreifer nach hinten zu werfen, erfolgt von mir (7) ein Ellbogenstoß in die Hoden, dem natürlich noch weitere folgen dürfen. (8) Es sollte dann ein Leichtes sein, dem Angreifer das Messer zu entwinden und seinen Fuß über mir wegzuschieben und aufzustehen.
Alle Fotos: © Ernst Angerbauer

TECHNIKEN VON ANDEREN

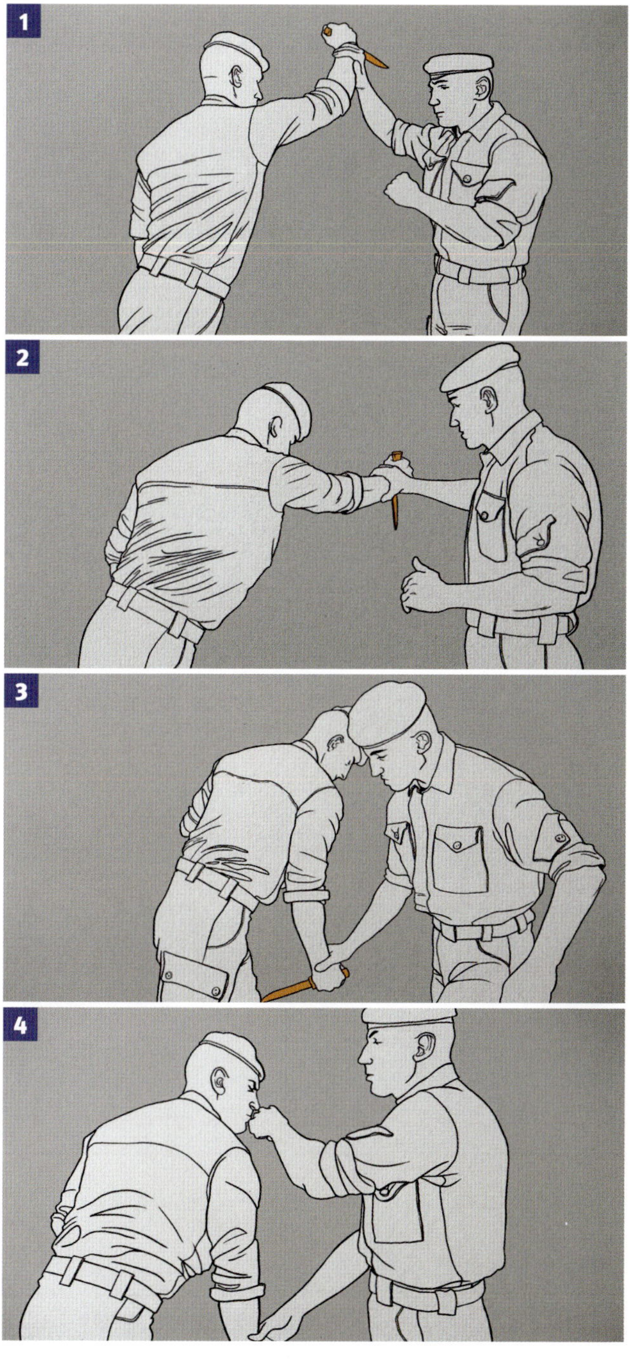

(1) Ein Major von der Fremdenlegion zeigt die Abwehr eines Angriffes mit dem Eispickelgriff. (2) und (3) Er leitet den Schwung weiter und führt das Messer so in den Oberschenkel des Angreifers. (4) Zum Abschluss gibt es einen Faustschlag in das Gesicht. Ich empfehle bei dieser Technik aber die Weiterleitung der Messerhand mit beiden Händen.

BEDROHUNG UND NOTHILFE

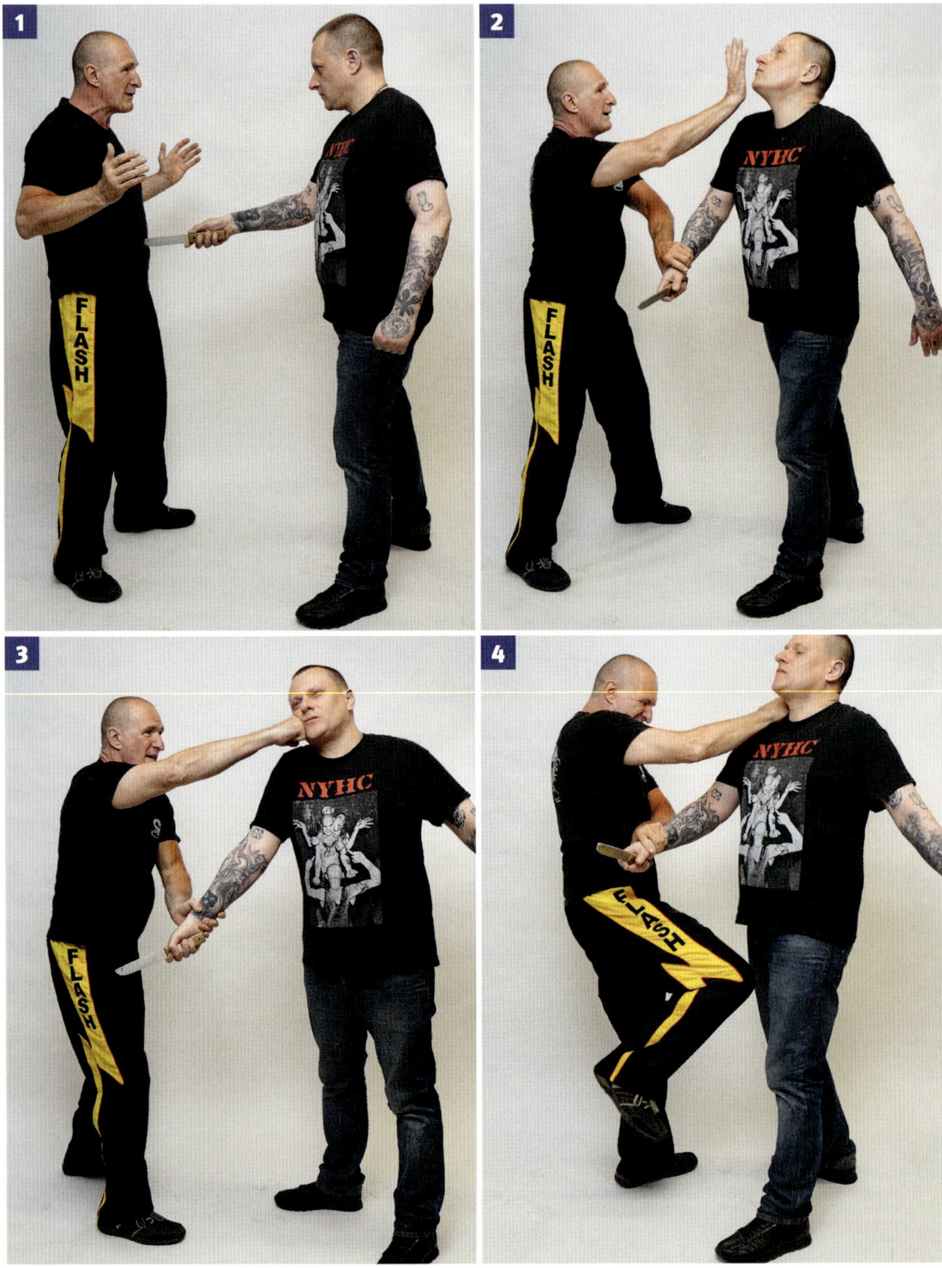

(1) und (2) Ich greife die Messerhand und schiebe das Messer von meinem Bauch, den ich leicht einziehe, weg. (3) Gleichzeitig zu dieser Bewegung folgt von mir ein Handballenstoß unter das Kinn bzw. ein Faustschlag. (4) Als Abschluss folgt ein Kniestoß in die Hoden, bei dem meine rechte Hand den Nacken des Angreifers greift und ihn nach vorne zieht.
Alle Fotos: © Ernst Angerbauer

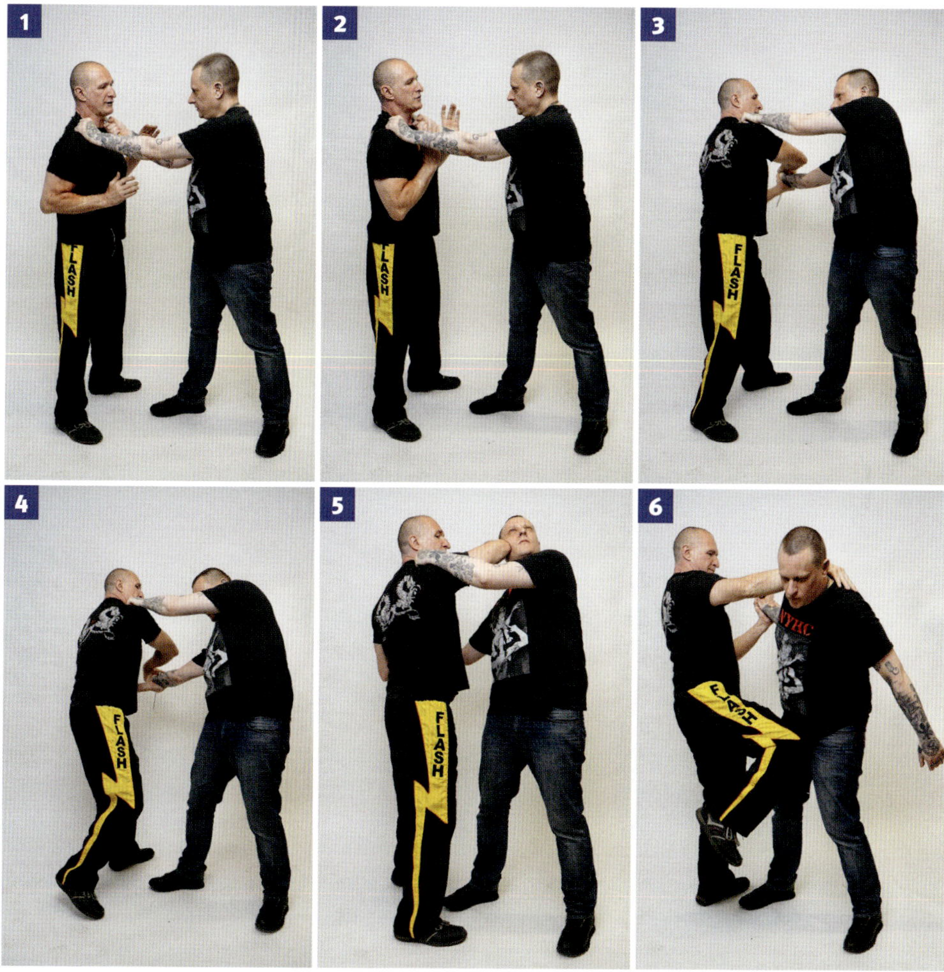

1) Der Angreifer hält mich am T-Shirt fest und setzt mir das Messer an den Hals. (2) Als Erstes versuche ich, die Messerhand daran zu hindern, mich zu schneiden. (3) Dazu ergreife ich mit beiden Händen fest die Messerhand und drehe diese nach unten in Richtung Boden. Dadurch ist das Messer schon mal außer Reichweite von meinem Hals. (4) Wenn ich jetzt das Handgelenk weiter verdrehe, erzeuge ich beim Angreifer Schmerzen. (5) Mit dem nach unten gedrehten rechten Ellbogen kann ich jetzt Schwung holen und diesen zum Kinn des Angreifers stoßen. (6) Zum Abschluss gibt es noch einen Kniestoß in die Hoden, bei dem die rechte Hand wieder zum Nacken greift, um den Angreifer nach vorne zu ziehen.

Alle Fotos: © Ernst Angerbauer

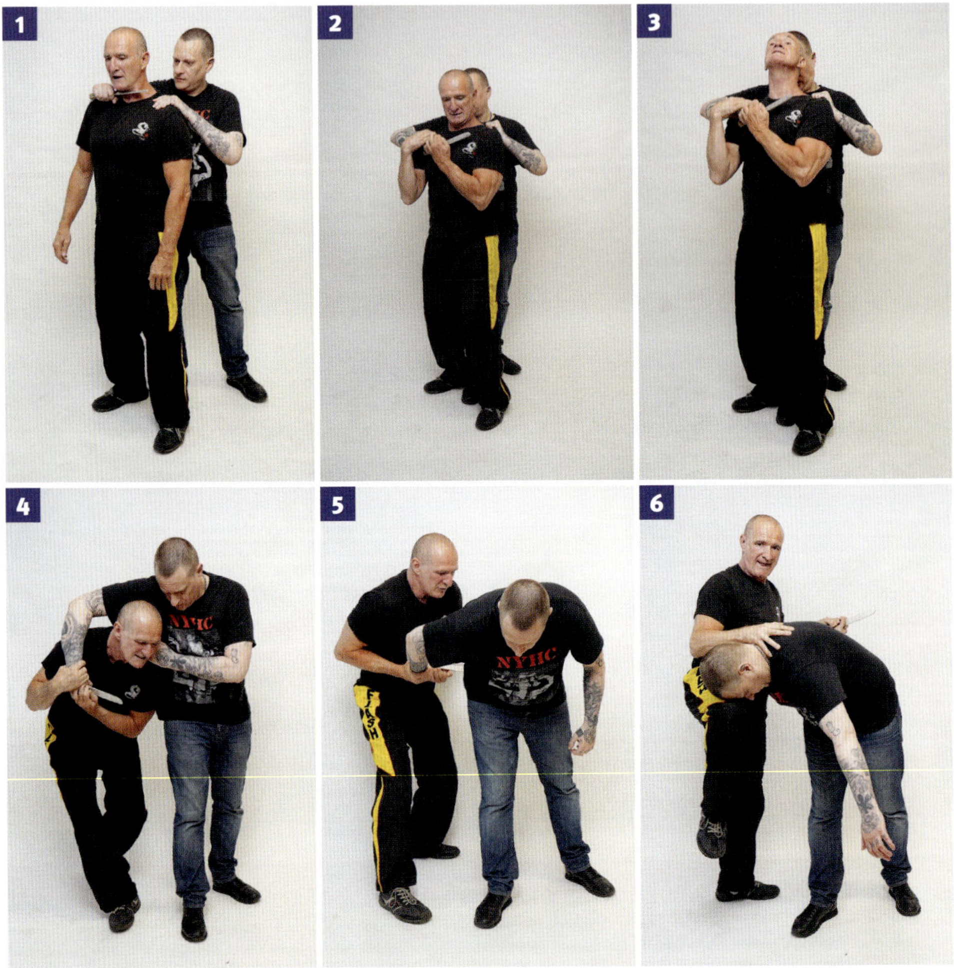

(1) Bei der Bedrohung von hinten ist der Vorteil, dass der Angreifer nicht sieht, was ich mit meinen Händen machen. (2) So kann ich ungesehen nach oben zu seiner Messerhand greifen, sie mit beiden Händen fest packen und nach vorne unten weg von meinem Hals ziehen. (3) Es folgt in dem Fall ein Kopfstoß nach hinten in das Gesicht. Merke ich, dass der Kopf des Angreifers ungünstig für einen Kopfstoß positioniert ist, kann ich auch einen Fersenstoß nach hinten zu einem Schienbein oder auf einen Fußrist machen. (4) Dadurch sollte ich kurzfristig so viel Schmerz verursachen, dass es mir leichtfällt, unter der Messerhand hindurch auf die Seite oder zum Rücken des Angreifers zu schlüpfen. (5) Die ganze Zeit hält meine Hand die Messerhand fest. (6) Ich setze hier einen Kniestoß zum Kopf, könnte aber genauso gut dem Angreifer in die Kniekehle steigen und ihn so zu Fall bringen.
Alle Fotos: © Ernst Angerbauer

Fallbeispiele

Es waren nur Sekunden, die über Leben und Tod entschieden haben. Und es war der Mut eines Einzelnen, der dafür gesorgt hat, dass jetzt wohl das Leben gewinnen wird ...,

so die tz vom 16. März 2021. Es geht hierbei um einen Münchner Taxifahrer, der Zeuge einer Bluttat auf offener Straße wurde. Ein Mann stach auf seine Ex-Freundin ein. Drumherum standen Leute und machten nichts, so die Aussage des Taxlers, der Anlauf nahm und dem Messerstecher einen Tritt verpasste, der diesen zu Boden warf. Der Angreifer rappelte sich auf und wollte wieder auf die Frau losgehen, doch der Taxler und andere Leute stellten sich dazwischen, woraufhin der Täter flüchtete. Das Opfer wurde daraufhin sofort ins Spital gebracht.

Andere Zeit und anderer Ort: Ein 18-Jähriger versuchte in der Neujahrsnacht 2020, mit seinem Bruder in eine Frankfurter Diskothek zu kommen. Da die Türsteher die zwei wegen Platzmangels nicht reinließen, fühlte sich der 18-Jährige in „seiner Ehre verletzt“. Um seine Ehre wiederzuerlangen, zückte er ein Klappmesser und rammte es in den Brustkorb eines Türstehers, der an der vorherigen Auseinandersetzung gar nicht beteiligt gewesen war. Ein anderer Türsteher versuchte daraufhin, den Messerstecher von hinten zu umklammern, doch es gelang dem Messerstecher aber, das Messer einem weiteren Türsteher in den Oberkörper zu rammen. Erst da gelang dem einen Türsteher die Umklammerung über beide Arme. Dennoch stach der Messermann trotzdem nach hinten in den Oberschenkel des ihn Haltenden. Dieser Stich ging bis auf den Knochen. Daraufhin wollten die Brüder fliehen. Ein 27-jähriger, vor dem Club wartender Gast versuchte dann auch noch, die Ehre des Bruders zu verletzen, indem er diesen zu Boden rang, um ihn an der Flucht zu hindern. Dem Gast wurden vom Messermann oberflächliche Verletzungen am Bauch zugefügt.

Das besonders Tragische an diesem Fall ist, dass der Messerstecher ein Wiederholungstäter ist. Denn schon 2017 hatte er drei Menschen schwer mit einem Messer verletzt. Ein Mann verlor dabei sogar mehr als einen Liter Blut und schwebte in Lebensgefahr. Dafür setzte es eine Jugendstrafe von zwei Jahren, die zur Bewährung ausgesetzt worden war.

Für die Tat an den Türstehern und dem Gast gab es übrigens 6 Jahre und 3 Monate. Hier ging die Nothilfe des von hinten klammernden Türstehers richtig schief. Er hätte sofort versuchen müssen, die Messerhand unter Kontrolle zu bringen bzw. den Mann zu Fall zu bringen (z. B. am Kopf niederreißen oder die Füße wegziehen). Es ist nämlich eigentlich eine logische Sache, dass jemand, der ein Messer hält, nach hinten stechen oder es zumindest versuchen wird, wenn ich ihn umklammere.

Am 25. Juni 2021 nahm ein 24-jähriger Asylwerber aus Somalia aus der Haushaltswarenabteilung eines Großkaufhauses in Würzburg ein ca. 35 cm langes Küchenmesser an sich und begann sofort, auf Frauen in seiner Umgebung einzustechen. Er verließ danach mit dem Messer das Kaufhaus und begann, Passanten auf der Straße zu attackieren. Auf der Straße stellten sich ihm zunächst auch drei junge Männer mit Gegenständen entgegen, sie hielten ihn teils in Schach und drängten ihn ab. Die Passanten, die den Amokläufer abdrängten, wurden später immer mehr. Davon gibt es mehrere Videos. Darauf ist auch zu sehen, wie der Amokläufer mit Klappstühlen beworfen worden ist (besser wäre es gewesen, ihn damit zu bedrängen oder anzugreifen), mit einem Besenstil ist versucht worden, ihn zu schlagen (der Mann mit dem Distanzvorteil traut sich aber nicht richtig ran), und auch ein Passant mit einer Umhängetasche hat „ungeschickt“ agiert.[14]

Aber auch wenn diese Passanten die Gegenstände nicht perfekt eingesetzt haben, ist es ihnen gelungen, den Messerstecher (der auch nicht sehr mit dessen Handhabung vertraut zu sein scheint) abzudrängen und in Schach zu halten. Laut Polizeimeldung sollen auch ein Fahrrad und ein Absperrgitter gegen den Attentäter eingesetzt worden sein. Es fuhr dann auch ein Polizeifahrzeug vor und ein Polizist schoss dem Amokläufer in den Oberschenkel, was es ermöglichte, ihm Handschellen anzulegen.

Der Somalische Flüchtling hatte bei seinem Amoklauf (Terrorakt) drei Frauen (24, 49 und 82 Jahre alt) erstochen und sieben Menschen verletzt, fünf davon lebensgefährlich – unter ihnen zwei Kinder (11 und 16 Jahre alt). Laut Bayrischem Innenminister soll der Mann bei seiner

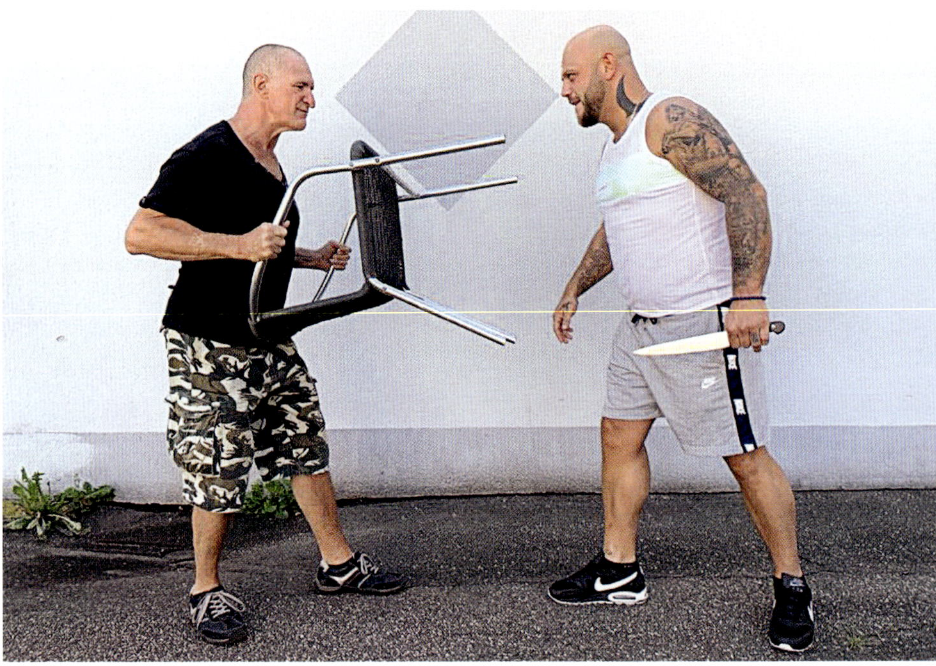

Hier sieht man ein extrem böses Küchenmesser – es ist ausgesprochen spitz, lang und scharf. Ich würde bei einem echten Angriff versuchen, den Angreifer zunächst mit dem Stuhl auf Distanz zu halten, und ihm, wenn es sein muss, eines der Stuhlbeine heftig ins Gesicht stoßen. Ich muss aber auch bei dieser Distanz damit rechnen, dass der Angreifer den Stuhl ergreifen und mir so entwenden will. Diesen Moment würde ich nützen, um eine oder mehrere Fußtechniken in die Hoden, das Schienbein oder die Knie zu setzen. Absolut falsch wäre es, den Stuhl auf den Angreifer zu werfen. Ich selbst habe es bisher erst einmal erlebt, dass ein geworfener Stuhl einen Messermann k. o. setzen konnte. Ich entledige mich dann nämlich meiner Barriere zwischen uns, weil ich den Stuhl nicht mehr zum Stoßen und Schlagen einsetzen könnte und mein Körper leichter Ziel für Stiche und Schnitte wäre. © Ernst Angerbauer

14 https://www.welt.de/politik/article232107463/Wuerzburg-Was-wir-ueber-die-Messerattacke-und-den-Taeter-wissen.html

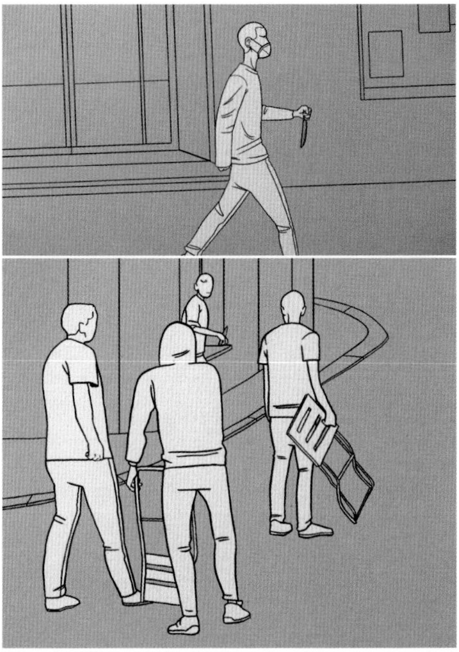

Der Amokläufer von Würzburg und Passanten, die ihm mit Stühlen entgegentreten

Einvernahme gemeint haben, das wäre sein „Beitrag zum Dschihad" gewesen. Auch soll er während der Tat zweimal „Allahu Akbar" gerufen haben.

Ich fürchte, dass es derartige Vorfälle, wie dass Amokläufer in Kaufhäusern Messer an sich nehmen und damit ihr Umfeld attackieren, in Zukunft vermehrt geben wird. Ein Grund sind die teils immer strenger werdenden Messergesetze, sodass es für Angreifer immer schwerer werden wird, Messer zu erwerben, der andere Grund ist die Qualität diverser Küchenmesser.

Diese können mit Kampfmessern mithalten und sind oft sogar um vieles schärfer und länger.

Hier zwei ähnliche Vorfälle aus den letzten Jahren:

Am 24. November 2020 nahm eine 28-jährige Schweizerin (zum Islam konvertiert und Anhängerin des Islamischen Staates) in einem Warenhaus in Lugano/Schweiz ein Küchenmesser an sich und attackierte ihre Umgebung damit. Sie verletzte mit dem Messer zwei Frauen, davon eine schwer, bevor sie von anderen Kunden überwältigt und bis zum Eintreffen der Polizei in Schach gehalten wurde. „Dieser Angriff überrascht mich nicht. Solche Taten würden überall auf der Welt zunehmen", sagte die Direktorin des Bundesamtes der Polizei (Fedpol) Nicoletta della Valle, bei einer Pressekonferenz.

Am 28. Juli 2017 nahm in einem Hamburger Supermarkt ein 26-jähriger Asylwerber ein Küchenmesser an sich und erstach damit einen 50-jährigen Mann. Er verletzte weiters eine 50-jährige Frau sowie vier Männer im Alter von 67, 57, 56 und 19 schwer. Anschließend floh er aus dem Supermarkt, wo er von Passanten mit Stühlen beworfen und abgedrängt worden war. Zufällig anwesende Zivilfahnder nahmen den Täter fest. Laut Zeugenangaben rief der Täter während der Tat mehrfach „Allahu Akbar".

Bei der Nothilfe bei einer Messerattacke sollten Sie von Beginn weg versuchen, dass Sie von hinten oder von der Seite an den Messermann herankommen.

Haben Sie keine Gegenstände zur Hilfe, können Sie ihn dann am Kopf oder den Haaren packen und nach hinten zu Boden reißen und ihm einen oder mehrere Fußtritte versetzen.

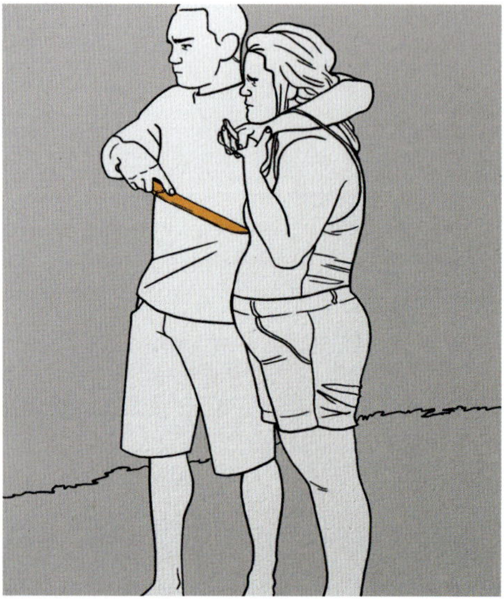

Bei dieser Situation in Südamerika drohte der Messermann damit, der schwangeren Frau in den Bauch zu stechen. Von hinten näherte sich aber ein Mann mit einem stabilen Kantholz und schlug dem Messermann mit voller Wucht auf den Kopf, was diesen daraufhin bewusstlos zu Boden sinken ließ.

Es besteht auch die Möglichkeit, die Füße zu packen und diese nach hinten wegzuziehen, dabei schieben Sie mit der Schulter am Gesäß zusätzlich nach vorne.

Diese Technik ist aber nicht immer einzusetzen. Sie funktioniert nur, wenn das oder die Opfer genügend weit weg sind, denn sonst besteht die Gefahr, dass der Messermann mit dem Messer in das Opfer reinfällt oder beide zu Boden stürzen. Das ist mir einmal passiert. Ich hatte eine Auseinandersetzung mit einer renitenten Person und wir standen uns sehr knapp gegenüber. Da wollte mir ein Securitykamerad helfen und zog dem Stressmacher die Füße nach hinten weg. Der gute Mann stürzte nach vorne auf mich zu, und da mein Kamerad auch noch schob, kam sogar ich zu Sturz. Kurzfristig kam der Problemfall auf mir zu liegen. Aber durch eine „Sweep-Technik“ (Positionsumkehr aus den MMA, dabei drehe ich den auf mir befindlichen Gegner so, dass er unter mir zu liegen kommt) konnten wir sehr rasch die Position wechseln und ich kontrollierte ihn am Boden.

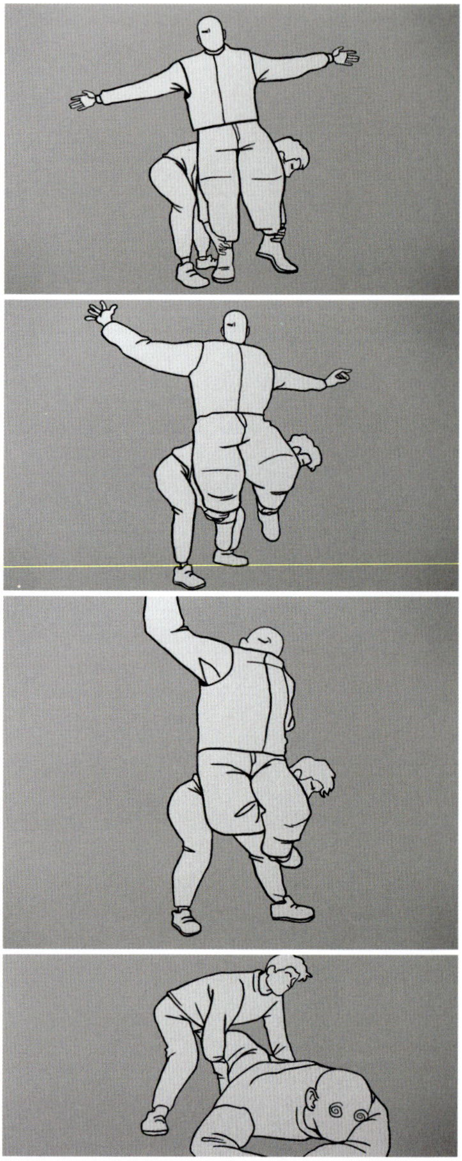

Ein perfekter Takedown (Füße-Wegzieher) von hinten, bei einer meiner Schulungen ausgeführt.

> Ich bin der Meinung, dass Sie bei einer Nothilfe die Stichwaffe bzw. die Messerhand so rasch wie möglich unter Kontrolle bringen sollen, denn davon geht die größte Gefahr aus – entweder für das Opfer oder für Sie als Helfer.

Ich habe da leider Videos gesehen, wo die Helfer durch falsches Vorgehen am Ende mehr verletzt waren als die Person, der sie hatten helfen wollen.

> Daher empfiehlt es sich, nur zu helfen, wenn Sie sich nicht selbst in Gefahr bringen, schwer verletzt zu werden.

Ansonsten sollte man das Szenario aus sicherer Entfernung beobachten, die Polizei und die Rettung alarmieren und genau melden, was, wie, wo passiert und wer es meldet. Ich empfehle auch, das Geschehen mit dem Handy zu filmen. Jetzt werden einige aufschreien „Diese Unfallvoyeure“, das gehört sich nicht bzw. ist ja verboten, wenn ich Einsatzkräfte bei der Arbeit filme und behindere. Genau dort hat das Verbot von solchen Gaffern seine Berechtigung. Filme ich aber eine Tat, um später zu deren Aufklärung beitragen zu können, so halte ich das für ausgesprochen sinnvoll. Es braucht z. B. der Täter nur vom Tatort flüchten, so gibt es von mir Fotos bzw. Filmaufnahmen von ihm, die vielleicht helfen können, ihn zu identifizieren.

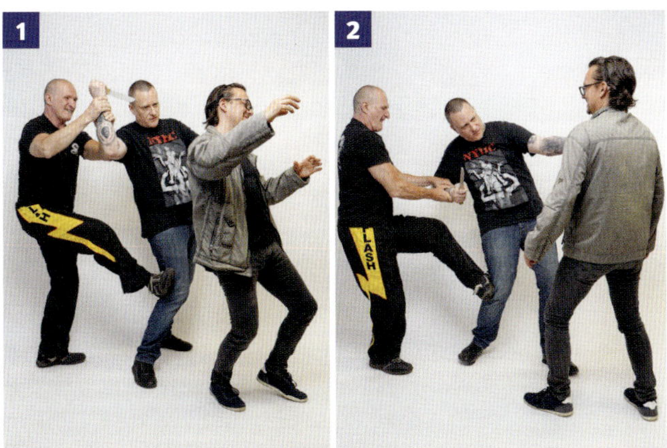

(1) Bei dem Angreifer mit Eispickelgriff erfasse ich fest mit beiden Händen die Messerhand und reiße diese nach hinten. Mit meinem Fuß steige ich in die Kniekehle und erreiche damit, dass der Messermann zu Boden geht. (2) Die Messerhand (Säbelgriff) kontrolliere ich die ganze Zeit und heble dem Angreifer das Messer aus der Hand. Danach können Nachfolgetechniken folgen, wie eine Bodenfixierung oder Schläge mit der Faust (Hammerfaust) ins Gesicht oder in die Hoden. Denselben Schlussablauf würde ich auch bei der Attacke mit anderen Griffarten empfehlen.
Beide Fotos: © Ernst Angerbauer

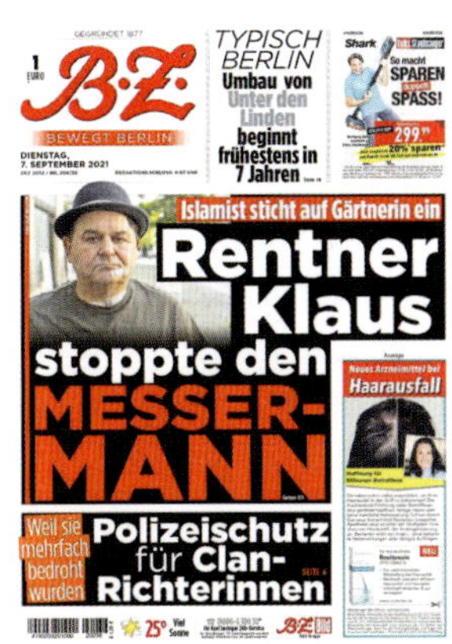
B.Z.
BEWEGT BERLIN
DIENSTAG, 7. SEPTEMBER 2021
TYPISCH BERLIN
Umbau von Unter den Linden beginnt frühestens in 7 Jahren
So macht SPAREN SPASS!
Islamist sticht auf Gärtnerin ein
Rentner Klaus stoppte den MESSER-MANN
Haarausfall
Weil sie mehrfach bedroht wurden
Polizeischutz für Clan-Richterinnen

Rentner Klaus (66) erleidet bei seiner Hilfe selbst Messerverletzungen am Hals, am Kopf und im Gesicht.
Quelle: https://www.bz-berlin.de/berlin/berliner-rentner-klaus-stoppte-den-messer-afghanen

VERTEIDIGUNG MIT (BEHELFS-)WAFFEN

ALLTAGSGEGENSTÄNDE

Einmal wurde ich von einem Autohändler gebucht, um einen Täter zu stellen, der bei seinem Autohandel immer mehrere Autoreifen zerstochen und Autos zerkratzt hatte. Ich legte mich dort also nächtens auf die Lauer. Da ich von der Tatausführung wusste, dass der Täter eine Stichwaffe bei sich haben musste, wollte ich ihm gleichwertig, wenn nicht sogar überlegen gegenübertreten. Ich war mit meinem speziellen Regenschirm bewaffnet, damit war ich gut trainiert und wusste mich auf der sicheren Seite. Als Notwaffe führte ich noch einen Pfefferspray (Schaum MK4) in einem Holster am Gürtel.

Gleich in der ersten Nacht auf der Lauer von einem gegenüberliegenden, höheren Haus tat sich was beim Autohändler, der an einer Hauptverkehrsstraße lag. Ein Mann spazierte dort mit einem ausgewachsenen Rottweiler, so zwischen 50 und 60 Kilo schwer, zwischen den Autos und bückte sich zu jedem Reifen hinunter. Der Täter war am Werk!

Ich wählte bei meinem Mobiltelefon sofort die Nummer der Polizei, während ich das Stockwerk runter und über die Straße hin zum Parkplatz eilte. Das erste Problem war, dass von meinem Handy keine Verbindung aufgebaut wurde. Das zweite Problem in meiner Planung war der Rottweiler. Der Täter wollte gerade zurück auf den Gehweg treten, als ich ihm, für ihn überraschend, den Weg versperrte. Den Regenschirm hatte ich quer, leicht schräg vor mir in der Hand auf ihn gerichtet. „Stopp, hierbleiben, die Polizei ist unterwegs!“, herrschte ich ihn an. Ich war bereit, sollte er mich attackieren, sofort mit dem schweren Schirmknauf auf die Messerhand zu schlagen bzw. ihm diesen ins Gesicht zu stoßen. Auch rechnete ich damit, dass der Rotweiler auf mich losgehen könnte, auch hier hätte ich versucht, ihm den Schirm auf die Schnauze zu schlagen bzw. den Schirm so zu platzieren, dass der Hund sich in den Schirm und nicht in meine Hand verbeißen würde. Ich war in dem Moment geistig und körperlich bereit, mich einem etwaigen Angriff von Messer und Hund zu stellen. Welcher für mich aber sicher schlecht ausgesehen hätte.

Zunächst war aber meine Stimme meine Hauptwaffe. „Bleib ruhig, mach keinen Blödsinn“, sprach ich beruhigend auf mein Gegenüber ein. Er begann, auf den Autohändler zu schimpfen, und meinte, er würde mit mir auf die Polizei warten. Zu dieser hatte ich endlich auch Verbindung und konnte meinen Notruf abgeben. Ich merkte später erst dann, wie viel Glück ich gehabt hatte, denn beim Aussteigen der Polizei aus ihrem Auto begann der Rottweiler zu toben. Mit der Hand an der Schusswaffe befahlen die Polizisten, den Hund an einer Laterne festzumachen, und nahmen unsere Daten auf. Monate später wurde der Mann vom Gericht wegen Sachbeschädigung verurteilt. Ja, dass so ein Hundebiss nicht ohne sein kann, erfuhr ich einmal, als sich ein Polizeihund bei einer Verhaftung extrem fest in meinen rechten Arm verbissen hatte. Aber das ist eine andere Geschichte ...

Wie man bei meinen Beispielen im Buch sieht, setze ich oft Gegenstände des täglichen Gebrauchs zur Verteidigung ein und bin ein Verfechter davon. Ideal ist eine Behelfswaffe dann, wenn man sie unauffällig in der Hand tragen kann, einfach weil sie ein Alltagsgegenstand ist, wie also ein Regenschirm, eine Trinkflasche, eine Zeitung, ein Fahrradhelm oder ein Kleidungsstück.

Wichtig bei Alltagswaffen ist aber auch, dass man den Umgang damit ebenso trainiert hat.

Mein Beispiel, wo ich den Angreifer mit einer Qi-Gong-Kugel k. o. geworfen habe, zeigt das.

Letztens habe ich auch erst wieder ein Video aus Südamerika gesehen, wo ein Mann einen Messerschwinger mit einem Ziegelstein k. o. geworfen hat, wobei es mir hier nach einem Glückstreffer aussah. Den Ziegelstein hatte er bereits zu Beginn des Videos in der Hand.

Um bei skurrilen Videos und ebensolchen Behelfswaffen zu bleiben: Im Juli 2021 setzte eine Verkäuferin eines Sexshops in der russischen Stadt Nowokusnezk einen über 50 cm langen Dildo gegen einen Räuber mit kurzem Taschenmesser ein. Sie nützte den Längenvorteil und schlug dem verhinderten Räuber mit dem Dildo mehrfach auf den Kopf und ihn so in die Flucht. Es gibt davon auch ein Video auf Youtube: *Knife-wielding ‚robber' beat up with dildo in sex shop in Russia*

Barhocker, Sessel, Stöcke oder eine Krücke eignen sich super, um den Angreifer auf Distanz zu halten. Mit einem kleinen Feuerlöscher (als Schlagwaffe oder zum Sprühen) kann man einen Angreifer auch bearbeiten oder in die Flucht treiben.

Es ist nämlich nicht so toll, das Gemisch eines Feuerlöschers einzuatmen oder in die Augen zu bekommen.

Ich kenne auch ein Video, wo ein Mann gerade, wie er sein Auto betankte, von drei Männern bedroht wurde. Er spritzte daraufhin alle drei mit Treibstoff an und zog ein Feuerzeug. Die drei waren dann sehr rasch verschwunden.

Rucksäcke, Aktenkoffer und Eimer können als Schilde benutzt werden. Mit einer Jacke, aber auch extra (langen) Gebetsketten (es gibt da speziell schwere aus Metall oder Stein) oder Fahrradschlössern kann ich durch Herumwirbeln (eine kleine Acht schlagen) den Angreifer verwirren, ins Gesicht schlagen oder das Messer darin fangen.

Es kann auch sein, dass sich die Messerklinge in der Kleidung verfängt und darin steckenbleibt. Ein Fahrrad kann als Schutz zwischen den Angreifer und mich geschoben werden. Genauso funktioniert ein Einkaufswagen, wenn die Attacke im Supermarkt passiert. Ich kenne dazu ein Video aus Südamerika, wo ein Messerstecher auf vier Securitys (drei Männer und eine Frau) in einem Supermarkt einstach. Einer stellte sich ihm nur mit den Fäusten entgegen, andere setzten ihren Schlagstock wirkungslos gegen den wild agierenden Messerstecher ein. Die Szene spielte sich bei der Sammelstelle der Einkaufswägen ab und erst sehr spät kam ein Angestellter oder ein Kunde des Supermarktes auf die Idee, den Messerstecher mit einem der Einkaufswägen abzudrängen. Das hätte eigentlich viel früher passieren sollen, denn die Schläge mit dem Schlagstock, die eigentlich auch nicht ideal ausgeführt worden waren, waren völlig wirkungslos, weil die Schläge zum Körper, Ober- und Unterarm und nicht zur Messerhand oder zum Kopf geführt worden waren. So lagen am Ende zwei schwer gestochene Securitys am Boden. Der Messerstecher wurde schließlich unter Beihilfe von Kunden überwältigt.

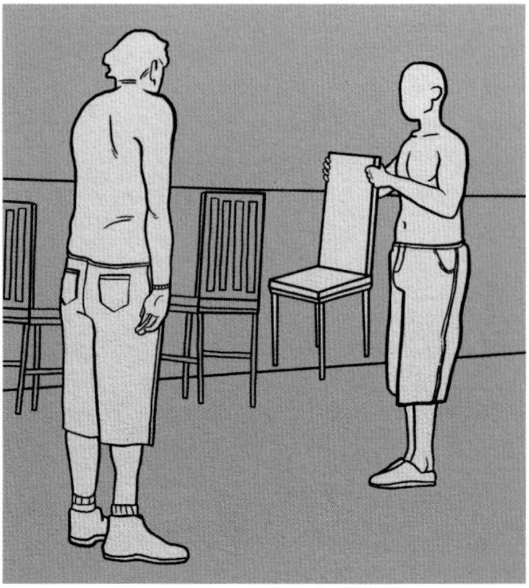

Eigentlich machte der Mann mit dem Stuhl von Beginn an alles richtig. Er hielt mit dem Stuhl den Mann mit dem Messer (Eispickelgriff) auf Distanz. Dann schlug er ihn mit dem Stuhl nieder, was auch noch gut gemacht war. Daraufhin nahm er aber das Messer und stach mehrmals auf den Oberkörper des am Boden liegenden Angreifers ein, was sicher nicht mehr als Notwehr durchgehen würde. Eine andere Person nahm daraufhin den Stuhl und schlug den nunmehrigen Messerstecher von hinten nieder. Da war das Video dann aber aus.

Man muss sich oft nur zu helfen wissen, der Fantasie sind dabei keine Grenzen gesetzt. Aber bitte nicht so, wie ich auch ein Video in meiner Sammlung habe, wo eine Frau einen kleinen Hund, der an der Leine war, in Richtung ihrer Gegnerin schleuderte. Das Video machte mich extrem wütend.

Ich kenne aber auch Videos, wo Personen andere Personen zwischen sich und den Angreifer schoben, was durchaus sinnvoll ist, wenn diese zum Angreifer gehören. Ich sah da auch ein Video aus der Wiener U-Bahn, wo ein Mann mit Skateboard einen Stich in die Lunge und in die Schulter versetzt bekam. Dem Stich ging eine verbale Auseinandersetzung voraus und der Stecher drohte mit dem Küchenmesser (Klingenlänge 13 cm). Der Mann hätte da das Skateboard schon zwischen sich und den Messermann, der auch noch 1,9 Promille hatte, bringen sollen, um ihn auf Distanz zu halten. Er hätte auch damit stoßen oder schlagen können, was aber auch wegen der Ausholbewegung, während der man gestochen werden kann, weniger gut sein kann.

> Mobiltelefone, Flaschen, Aschenbecher, Vasen können als Schlagwaffen, aber auch zum Wurf eingesetzt werden. Jetzt jammern sicher viele „Ich werf' ja nicht mein Handy!" Aber wenn Sie sich so schützen können, dann tun Sie es!

Das kurioseste und damals einzige Hilfsmittel, was ich einsetzen konnte und was mich vor ärgerem Schaden rettete, war ein Signalpfeiferl, das ich damals verwendete, um meine untergebenen Securitybeamten zu dirigieren bzw. Leute auf Fehlverhalten hinzuweisen. Das mag nun mal nicht so kurios sein.

Aber hier die Geschichte dazu: Ich war damals als Securitychef in einem Partyclub in Tunesien tätig. Dabei kam es nach einer Wegweisung von mir zu einem Raufhandel mit einem Einheimischen. Er war ein von allen gefürchteter Boxer und nicht von schlechten Eltern, denn er maß an die 2 Meter und hatte sicher 110 Kilo. Ich wurde damals von ihm im wahrsten Sinne des Wortes im Sand begraben, was bedeutet, dass er mit seiner enormen Masse so auf mir lag, dass ich mich nicht mehr bewegen konnte. Einzig mein Signalpfeiferl konnte ich ergreifen und dem Riesen unter seine Shorts in den Hintern schieben. Sofort ließ er, wohl auch extrem überrascht, was da jetzt abging, von mir ab. Er stand auf, drohte mir noch und zog mit seiner Gefolgschaft und meinem Pfeiferl ab. Detailliert nachzulesen ist diese neben anderen Storys aus meiner Securitylaufbahn im Buch *Geflasht! 2 – Zehn Gebote für Türsteher und Security.*

> Diese Maßnahme soll Ihnen zeigen, dass es beim Überleben kein Tabu geben darf und auch das Unvorstellbare und noch so Ekeligste eingesetzt werden muss, wie Augen eindrücken (Rausdrücken ist schwieriger, da man hier zumindest mit einem Finger hinter den Augapfel gelangen muss), in die Finger, Arme oder Füße, in die Nase oder das Ohr (Mike Tyson) und sogar den Penis beißen (was schon einige Frauen vor einer Vergewaltigung gerettet hat) oder einfach den oder die Finger in den Hintern stecken.

EINIGE (FREIE) VERTEIDIGUNGSWAFFEN

Pfefferspray

Wichtig bei dem Einsatz einer legalen Waffe ist nicht nur, dass man den Umgang damit beherrscht, sondern auch, dass man konsequent ist und dem Messermann vermittelt, dass man es ernst meint und ebenfalls von der Waffe Gebrauch machen wird. Dabei ist auch die Körpersprache wichtig, es darf nicht der Eindruck entstehen, dass man damit nicht umgehen kann.

Pfeffersprays werden heute, so wie Messer, ebenso vermehrt mitgeführt. Hauptsächlich Frauen sind damit bewaffnet, wenn sie unterwegs sind. Aber auch hier gilt nur, dass wenige damit umgehen können, was ich sehr oft bei meinen Frauenkursen feststelle. Auch der Umgang mit einem Pfefferspray gehört trainiert. Es gibt dafür z. B. eigene Trainingssprays, die teils wie echte funktionieren, aber das schmerzbringende OC (Oleoresin Capsicum) nicht enthalten. Aber auch Sprays, bei denen das Haltbarkeitsdatum abgelaufen ist, können Sie als Training verfeuern. Der Pfefferinhalt wird zwar nicht schlecht und verliert auch nicht seine Wirkung. Aber damit der Spray den Druck für den Austritt des OC hat, benötigt er Treibgas und das entweicht mit der Zeit durch die Dichtung – vergleichbar einem Feuerlöscher, der auch alle paar Jahre neu mit Treibgas geladen werden muss.

Ich habe aber auch schon Sprays verfeuert, die schon zig Jahre abgelaufen waren, rate aber jedem, um auf Nummer sicher zu gehen, sich an das Ablaufdatum zu halten und die abgelaufenen besser für das Training zu verwenden.

Ich habe sehr viel mit Pfefferspray trainiert, den ich als das mildeste Mittel sehe, um einen Aggressor außer Gefecht zu setzen, ohne ihn wirklich zu verletzen. Ich habe den Spray seit 1996 auch ca. 30-mal im Dienst einsetzen müssen. Darüber habe ich eine eigene Broschüre geschrieben mit dem Titel *Pfeffersprays im Einsatz*.

Einmal wurde ich aber auch wegen dessen Einsatzes wegen Körperverletzung verurteilt (der Aggressor hatte lt. sachverständigem Arzt danach eine Augapfelprellung). Damals hatte ich einen Sprühstrahlspray eingesetzt. Ja, und ein anderes Mal setzte ich ebenfalls einen Sprühstrahlspray erfolgreich gegen zwei Messerhelden ein, wie im Kapitel *Tatwaffe Messer*, S. 22, geschildert, nachdem mir bereits das Jochbein gebrochen worden war.

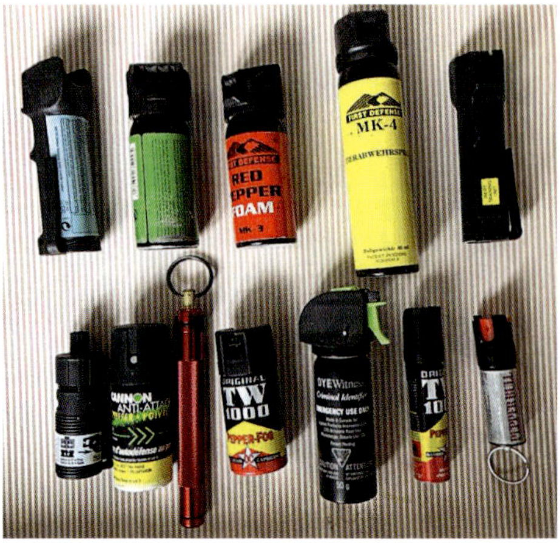

Verschiedene Typen und Größen von Pfeffersprays

Oft genug passiert es aber und habe ich es auch erlebt, dass Personen den Spray nicht richtig einsetzen können. Sie sprühen in der Gegend rum, verletzen sich selbst oder Unbeteiligte oder lösen eine Panik aus, bei der sich wieder Menschen verletzen. Bei einer Verteidigung gegen Messerattacken mit einem Spray kann es sein, dass ich den Angreifer zwar perfekt in die Augen treffe oder er die OC-Substanz reichlich in die Atemwege bekommt (böse, da bleibt einem die Luft im wahrsten Sinne des Wortes weg). Es gibt dann folgende Reaktionen: Entweder geht der Getroffene voller Schmerz zu Boden und beginnt, sich die Augen zu reiben, oder er läuft davon, da er doch nicht so perfekt getroffen worden ist oder die volle Wirkung und der Schmerz noch nicht eingesetzt haben. Oder der Eingesprühte wird durch den Schmerz zum Berserker, er sieht zwar nichts, aber er attackiert sein Gegenüber extrem aggressiv. Ich habe das selbst öfters erlebt, dass der Eingesprühte absolut durchdrehte und kaum zu bändigen war.

Ich selbst habe mich auch mal mit einer Dosis Pfefferspray einsprühen lassen, denn als Security wird man auch mit Sprays attackiert und dagegen wollte ich trainiert sein. Ich konnte rasch nichts mehr sehen und die Augen nicht mehr offenhalten. Ich habe mich aber sofort auf den Sprüher, in diesem Fall mein Freund Ernst, gestürzt und wie wild auf ihn eingeschlagen (er war am ganzen Körper durch einen „FIST"-Anzug, einen gepolsterten Anzug, der den ganzen Körper inklusive Kopf bedeckt, gut geschützt), ihn zu Boden gebracht und dort weiter bearbeitet. Mein Körper war in dem Moment Adrenalin pur. Erst als ich von ihm runtergezogen wurde, spürte ich erst wirklich den Schmerz und – ich kann sagen – da war ich dann außer Gefecht. Danach übten wir gleich die Erste-Hilfe-Maßnahmen an mir.

Mein Resümee: Falls ein Eingesprühter mit einem Messer weiter oder erst recht, weil er eingesprüht worden ist, Amok läuft, haben Sie wenig Chancen, nicht ohne ein paar Stiche abzufangen, davonzukommen, wenn Sie nicht in Bewegung bleiben.

Daher ist es wichtig, sich nicht nur auf die Wirkung des Sprays zu verlassen, sondern auch Ausweichbewegungen zu üben und zu machen. Oder Sie versuchen, die Messerhand durch Ergreifen zu kontrollieren.

Die Spraydose kann auch als Schlagwaffe (auf den Handrücken der Messerhand, den Kopf oder den Hals) eingesetzt werden.

Am besten ist es dennoch, einfach nach dem Sprühen den Schock-Schmerz-Moment (wenn Sie perfekt getroffen haben) des Besprühten zu nützen und zu flüchten.

Würde ich von den vier unterschiedlichen Spraytypen (Sprühstrahl, Schaum, Gel und Nebel), die es am Markt gibt, jetzt welche empfehlen, so würde ich Männern zu einem Pfefferschaumspray (50 ml) raten. Ich setze nach Aufkommen dieser Art auch meist nur diesen ein und führe ihn. Dieser Spray ist dem Gel sehr ähnlich, hat aber gegenüber dem meist grünlichen oder roten Gel den Vorteil, weiß wie Rasierschaum zu sein. Daher erkennt man gut, wo man hinsprüht oder wohin man getroffen hat, auch bei schwachem Licht wie in meinem Beruf.

Ideal ist es, den Spray in der Jackentasche oder an einem dafür erhältlichen Halfter am Gürtel, unter der Jacke verdeckt, zu führen.

Wichtig ist auch, dass Sie vorab das schnelle Ziehen, Ins-Ziel-Bringen und Treffen trainieren.

Für Frauen empfehle ich einen Nebelspray (bis 40 ml), der zwar den Nachteil hat, dass er nicht so weit sprüht (ca. 2–2,5 m, meist ist das aber eh die Distanz zum Angreifer) und auch eine Nebelwolke vor Ihnen bildet. Es kann daher vorkommen, auch wenn kein Wind ist, dass Sie in den Nebel geraten und selbst was abbekommen. Der Vorteil ist aber, dass Sie nicht genau zielen müssen und der Angreifer am ehesten OC abbekommt. Ich meine und habe es bei meinen Kursen gemerkt, dass der Nebelspray für Frauen die bessere Wahl ist. Ich habe viele Frauen bei meinen Kursen extrem unter Stress gesetzt und konnte dann ihr Trefferbild bei verschiedenen Spraytypen erforschen.

Wichtig ist einfach, dass Sie, nachdem Sie gesprüht haben, nach hinten oder seitlich ausweichen.

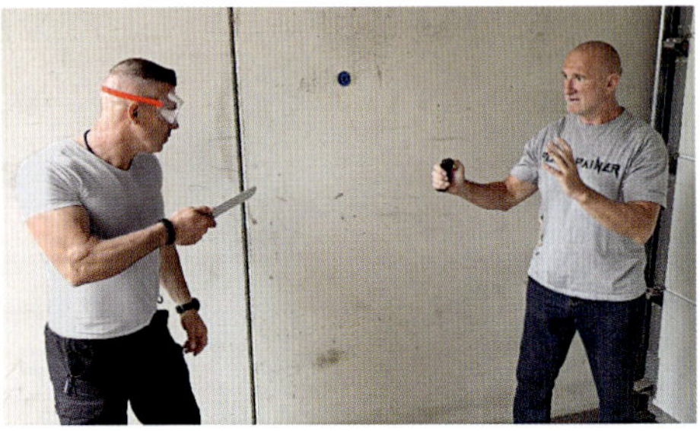

Training mit einem Übungsspray. Um Verletzungen am Auge (Prellung) durch den Sprühstrahl vorzubeugen, trägt Hubert eine Schutzbrille. © Ernst Angerbauer

Ideal ist ein Clip am Spray, mit dem Sie ihn in der Handtasche ganz oben einklemmen können, um ihn schnell zu erreichen. Befindet sich kein Clip am Spray, so können Sie ein eigenes Fach für den Spray schaffen, das leicht und schnell erreichbar ist. Es geht natürlich auch, den Spray am Gürtel festzuclippen.

Auch für Frauen ist es wichtig, das Ziehen und Ins-Ziel-Bringen zu trainieren.

Ist die Gefahr vorhersehbar, so halten Sie den Spray natürlich entsichert und bereit, aber für den Angreifer nicht ersichtlich in Ihrer Hand.

Nicht flüchten konnte ein Soldat des österreichischen Bundeheers im März 2018, der vor der iranischen Botschaft in Wien als Wachposten eingesetzt war und von einem Angreifer, der plötzlich ein Messer zog, attackiert wurde. Der Soldat versuchte zunächst, durch Abwehr mit seiner linken Hand und Pfeffersprayeinsatz die Stiche abzuwehren. Dabei erlitt er eine tiefe Schnittwunde am linken Unterarm. Der Pfefferspray zeigte, aus welchem Grund auch immer, keine Wirkung beim Angreifer. Dann stürzten beide zu Boden und der Angreifer kam über dem Soldaten zu knien. Mehrfach stach er wie von Sinnen, wie am Überwachungsvideo der Botschaft zu sehen, auf den Oberkörper des Soldaten ein. Diesem gelang es, am Rücken liegend, seine Glock zu ziehen und vier Schüsse abzufeuern. Der Angreifer, man geht von einem islamischen Tathintergrund aus, brach sofort tot zusammen. Man geht auch davon aus, dass die militärische Schutzweste dem Soldaten das Leben gerettet hat.

Schusswaffe

„Wer bringt schon ein Messer zu einer Schießerei mit?“, ist eine gerne scherzhaft gestellte Frage. Denn jeder meint, dass die Schusswaffe dem Messer ja haushoch überlegen ist. Habe ich aber eine Schusswaffe zur Verteidigung, heißt das nicht, dass ich auf der sicheren Seite bin. Hier zeigte leider schon oft die Realität, dass der Messerangreifer, wenn er nicht sofort richtig kampfunfähig angeschossen worden ist, auch trotz Treffer den Schützen noch schwer mit dem Messer verletzen, wenn nicht sogar töten kann. Eine Rolle spielt hier oft auch, wo er getroffen worden ist, welche Munition verwendet worden ist und ob eine sofortige Mannstopwirkung erzielt worden ist.

Wenn Sie in der Nahdistanz von wenigen Metern die Schusswaffe noch nicht in der Hand haben, ist es meist erforderlich, zunächst normale Verteidigungsmaßnahmen, wie Greifen nach bzw. Wegfegen der Messerhand, zu setzen, bis Sie die Schusswaffe zum Einsatz bringen können. Ein Beispiel hierzu ist auch die Verteidigung des Soldaten im vorherigen Kapitel. Experten sind der Meinung, dass das Messer bei einem Kampf auf absolute Nahdistanz gegenüber einer Schusswaffe schon mal die gefährlichere Waffe sein kann. In den 1980er-Jahren durchgeführte Realtests des amerikanischen Polizisten Dennis Tueller (Tueller Drill) zeigten, dass Schusswaffen, falls man sie erst ziehen muss, gegen plötzliche Messerattacken auf Nahdistanz wenig bis gar nicht erfolgreich sind. Die Angriffe wurden bei diesen Versuchen aus 6 bis 8 Metern Distanz gestartet.

Trotz Schusswaffe ist es in der Nahdistanz oft erforderlich, die Messerhand des Angreifers unter Kontrolle zu bringen oder zu blocken, vor allem, wenn man die Schusswaffe erst ziehen muss, um ihn daran zu hindern, das Messer einzusetzen.

Geht es im Nahkampf (Infight) um Leben und Tod, so schießen Sie dem Angreifer am besten in den Kopf (Gehirn) oder ins Herz. Aber auch nach solchen tödlichen Treffern muss man mit den Sekunden des toten Mannes rechnen. Was bedeuten kann, dass die Ausholbewegung des Messers noch ins Ziel findet. Treffer in den Fuß oder in die Messerhand sind schwerer, wenn nicht unmöglich anzubringen, wobei viele immer der Meinung sind, dass das ja möglich sein muss und warum man nicht auf die Füße geschossen hat.

Mir ist es zwar einmal in einer Extremsituation gelungen, meinem Kontrahenten aus kurzer Distanz die Pistole aus der Hand (Unterarmdurchschuss) zu schießen. Aber er befand sich nicht in Bewegung und wollte ebenfalls gerade auf mich schießen bzw. seine Pistole auf mich richten. Aber das ist eine andere Geschichte und wer meine Vita kennt, weiß, worum es ging.

Werden Sie zuerst nur bedroht und haben Sie Zeit, Ihre Waffe zu ziehen, sollten Sie Distanz gewinnen und in Bewegung bleiben, da Sie nicht sicher sein können, ob der Messerdroher nicht einen Berserkerangriff startet.

Gibt es einen Angriff, sollten Sie sofort seitlich raus aus der Angriffsrichtung treten. Es gibt auch die Variante, dass Sie sich rasch nach hinten auf den Boden hinsetzen oder hinlegen und von dort den Angreifer unter Feuer nehmen. Letzteres zeigte sich beim Training bei mir meist als bessere Alternative, da es auch den Angreifer überrascht. Sie sollten aber am Boden die bei den Kampfdistanzen gezeigte Bodenverteidigungsstellung einnehmen, also am Hintern und Rücken liegend, beide Füße leicht angewinkelt in der Luft, denn sollte der Angreifer durchbrechen, haben Sie einen gewissen Schutz. Die Waffe mit einer oder zwei Händen halten und auf den Angreifer richten.

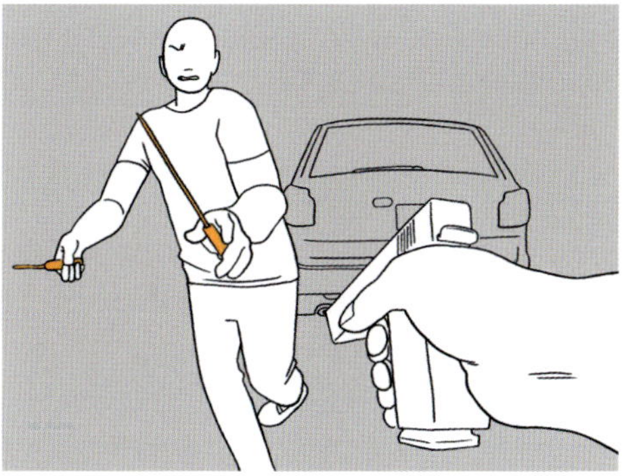

Die Bodycam eines US-Polizisten filmte hier den Angriff mit einem ziemlich langen Messer in einer Hand und mit einem Schraubenzieher in der anderen. Zuvor hatte der Mann in einem Supermarkt einen Kunden erstochen. Der Grund war ein Coronamaskenstreit. Es gelang hier dem Polzisten, den Angreifer durch mehrere Schüsse zu töten.

Ein Video gibt es aus Südamerika vom Februar 2021, wo sich ein Mann mit einer an der Seite versteckten Machete in eine Art Büro mit einem abgetrennten Kundenbereich schlich. Eine Frau und ein Mann waren stehend am Arbeiten, weiter hinten saß eine Frau an einem Schreibtisch. Sie bemerkten den Mann zunächst nicht und er versetzte der Frau am Pult von hinten einen wuchtigen Machetenschlag in den Nacken. Der Mann, der ca. 3 Meter entfernt am Pult stand, dürfte die Bewegung oder einen Schrei wahrgenommen haben, denn er reagierte eigentlich ziemlich rasch und zog eine Pistole aus einem Halfter am Gürtel unter seinem Shirt. Doch der Angreifer stürzte sich mit erhobener Machete auf ihn und traf ihn mit solcher Wucht, dass er zu Boden stürzte. Die Pistole verlor er dabei. Es kam zunächst zu einem Kampf, bei dem der Mann mit der Machete auf den sich am Boden Befindenden einzuschlagen und zu stechen versuchte. Dieser wehrte sehr gut ab, musste aber auch Schläge einstecken, blockierte aber die Ausholbewegungen, sodass die Machetenschläge wenig Wirkung zeigten. Schließlich gelang es ihm, den Machetenmann zu sich runterzuziehen, und es kam zum Bodenkampf. Dabei entwaffnete er den Angreifer, der daraufhin sofort flüchtete. Insgesamt dauerte der ganze Kampf 40 Sekunden, bis zu dem Zeitpunkt, wo der Angegriffene die Machete erobert hatte. Später hob er noch die Pistole auf und feuerte auf den flüchtigen Täter.

Dass Treffer aus einer Schusswaffe einen Angreifer nicht unbedingt stoppen, zeigte sich auch im Dezember 2015 in Zürich, als ein Äthiopier mit einem 25 cm langen Fleischermesser zwei Polizisten attackierte. In Notwehr gaben die Beamten 13 Schüsse (einer davon schoss 11-Mal) auf den Mann ab. Davon trafen sechs Kugeln und verletzten den Angreifer schwer. Im Zuge der Auseinandersetzung mussten die Polizisten nach den Schüssen aber noch Pfefferspray und ihre Fäuste einsetzen, um den Mann schlussendlich unter Kontrolle zu bringen.

Bei Gas-Schreckschusspistolen und -revolvern ist es anhand der Stoppwirkung beim Angreifer schon schwieriger, diesen aufzuhalten, wobei die Drohung mit der Waffe vielleicht vielen Messerhelden Einhalt gebietet. Die Wirkung nach dem Abfeuern (bei einer Pfefferspray- und Gaspatrone) ist vergleichbar mit einem Pfefferspray (Typ Nebelspray mit 1–2 Metern Wirkungsweite). Ein Vorteil kann aber schon der Schussknall sein, denn der ist wie bei einer echten Waffe und kann den Angreifer schon mal sehr erschrecken. Nah am Ohr abgefeuert, kann der Knall kurzfristig, aber auch langfristig sogar das Trommelfell schädigen. Auf wenige Zentimeter am Kopf abgefeuert, kann die Mündungsflamme sogar tödlich sein oder ein Auge so stark verletzen, dass es verloren ist.

Auch kann die Waffe wie eine echte als Schlaggegenstand verwendet werden; mit dem Lauf kann man zustoßen bzw. mit dem Knauf zuschlagen. Hier sollte der Kopf oder die Messerhand das Ziel sein Auch hier kann es nötig sein, zunächst die Messerhand des Angreifers unter Kontrolle zu bringen und gleichzeitig die Waffe zu ziehen und zu schießen. Wichtig ist, dass Sie den Ziehvorgang trainiert haben und beherrschen und auch ein für die Waffe geeignetes Holster haben. Die Waffe sollte verdeckt getragen werden, was auch der Gesetzgeber zumeist verlangt. Dafür gibt es auch spezielle Bauchtaschen, in denen die Handfeuerwaffe gut getragen werden kann. Als Munitionsart für Schreckschusswaffen empfehle ich Pfefferpatronen.

Als Beispiel möchte ich hier eine Polizeimeldung aus Berlin zu einem Vorfall mit einer Schreckschusspistole zitieren.

Polizeimeldung vom 25. August 2021
Neukölln Nr. 1886
Zu einer körperlichen Auseinandersetzung mit Waffen kam es gestern Abend in Schöneberg. Gegen 21 Uhr alarmierten Anwohner der Pöppelmannstraße die Polizei zu einer Auseinandersetzung zweier Männer. Nach bisherigen Erkenntnissen stritt sich ein 34-Jähriger auf dem Gehweg mit einem noch unbekannten Mann. Im Verlauf des Streites soll der Unbekannte ein Messer gezogen und den 34-Jährigen damit angegriffen haben. Aus Notwehr soll der Angegriffene eine Schreckschusswaffe hervorgeholt und damit in Richtung des Angreifers geschossen haben, der ihn dennoch weiterhin mit dem Messer attackiert haben soll. Der 34-Jährige soll dadurch eine Schnittverletzung an einer Hand erlitten haben. Anschließend sollen beide zu Boden gegangen und dort miteinander weitergekämpft haben, wobei sie jeweils ihre Waffen verloren haben sollen. Aus diesem Zweikampf habe sich der 34-Jährige dann losgerissen, woraufhin der Unbekannte beide Waffen an sich genommen und mit einem Auto vom Tatort geflüchtet sein soll. Ermittlungen ergaben, dass es bereits in den Mittagsstunden des gestrigen Tages zwischen den beiden zu einem Streit und einer Körperverletzung zum Nachteil des 34-Jährigen gekommen war. Die Ermittlungen zu beiden Fällen übernahm ein Kommissariat der Kriminalpolizei der Polizeidirektion 4 (Süd).[15]

Messer

Wie mir von „Messerdabeihabern" immer wieder berichtet worden ist, dass sie es nur zur Verteidigung tragen, so gibt es auch den möglichen Kampf Messer gegen Messer, bei dem aber immer damit zu rechnen ist, dass beide bzw. einer am Ende schwer verletzt, wenn nicht tot sein wird.

Anfang 2021 hat in Graz ein 15-Jähriger einen 19-Jährigen, der ihn mit einem Messer ausrauben wollte, mit seinem eigenen Messer erstochen. Hier wurde später das Verfahren wegen Notwehr eingestellt.

Am 20. August 2021 überraschte im Bezirk Braunau der 47-jährige Besitzer einer Gärtnerei einen 69-jährigen Einbrecher. Der Einbrecher war mit einem Bowiemesser (Klingenlänge 15 cm) bewaffnet und es kam zu einem Kampf, bei dem der 47-Jährige das Messer in den Bauch gerammt bekam. Dieser schnappte sich aber auch ein Gärtnermesser und schnitt im Handgemenge die Handarterie des Einbrechers auf. Der Einbrecher wurde später von den Söhnen des Gärtnereibesitzers überwältigt und der Polizei und der Rettung übergeben. Beide Kontrahenten landeten schwer verletzt im Spital.

August 2021 kam es auch auf Mallorca zwischen einem britischen Gast, dem das Essen nicht schmeckte, und dem Kellner eines Restaurants zu einer Messerstecherei. Der Brite zückte wegen dieses nichtigen Anlasses ein Messer und verletzte den Kellner an Händen und Armen, dieser stach umgekehrt dem Briten mit einem Messer ins Bein und in den Bauch. Beide landeten im Krankenhaus, der Brite war aber wesentlich schwerer verletzt als der Kellner.

15 Quelle: https://wasistpassiert.com/Berlin/Bezirk%20Tempelhof-Sch%C3%B6neberg/Messer-und-Schusswaffe-im-Streit-verwendet-6125ff928172bc00b2072d6b

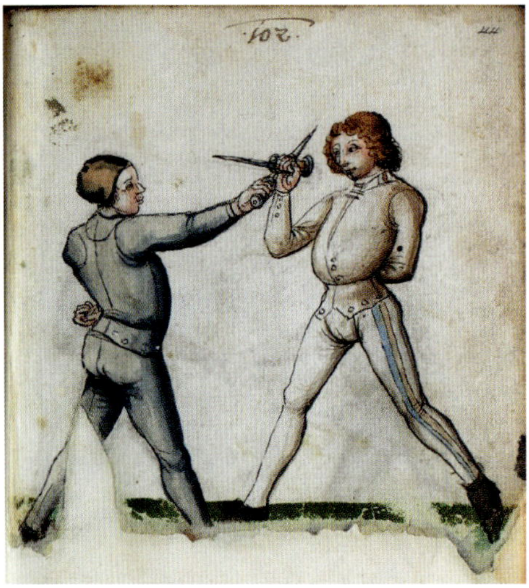

Messer aus einem Kampflehrbuch aus dem Mittelalter. Damit die Hand, die kein Messer führt, nicht geschnitten oder gestochen wird, verstecken die Kämpfer diese am Rücken.

Ziehen Sie selbst ein Messer, können Sie den Aggressor im Vorfeld mitunter auch schon in die Flucht schlagen, wenn Sie zum Beispiel das größere tragen. Ein Militärkamerad stellte sich mal einem Taschenmesserfuchtler mit seinem etwas größeren Militärmesser (Glock) entschlossen entgegen. Der zog daraufhin den Schwanz ein und war blitzschnell verschwunden. Das ist natürlich eine enorme psychologische Sache, wenn dem Angreifer klar wird, dass er selbst auch schwer verletzt werden und eventuell selbst den Kürzeren ziehen könnte.

Grundsätzlich problematisch ist, dass nicht wenige Jugendliche oder Männer ein Messer mitführen und sich typischerweise damit verteidigen wollen. Doch das Problem ist, wenn man ein Messer dabeihat, dann ist man auch schnell geneigt, es einzusetzen. Frei nach dem Motto: „Ich renne doch nicht weg und zeige Schwäche." So der Berliner Polizeipsychologe Hans-Joachim Clausen in einem Interview, dem ich nur zustimmen kann. Wie viele Gespräche führte ich schon mit „Messerstechern", welche es bereuten, ein Messer dabeigehabt zu haben. So wurden sie nämlich verleitet, es beim „Streit" tatsächlich einzusetzen.

Haben Sie aber so wie der Angreifer ein Messer, so haben Sie sich an die Gesetze, und speziell das der Notwehr, zu halten und dürfen den Angreifer nur so verletzen, wie es erforderlich ist, um seinen Angriff zu stoppen.

Bei einer Verteidigung mit einem Messer sollten Sie sich daher auf Schnitttechniken gegen Hände, Arme, Stirn und Brustbereich des Angreifers beschränken. Stichangriffe sollten nur die absolut letzte Option sein, da diese immer auch lebensgefährlich sein können. Auf jeden Fall ist hier auf die Verhältnismäßigkeit zu achten.

Lebensgefährlich sind auch Schnittangriffe zum Hals, gegen die Armbeuge oder zur Innenseite der Handgelenke.

Wenn Sie sich mit einem Messer verteidigen, greifen Sie hauptsächlich die Handaußenseite der Hand (Sehnen und Muskeln), in welcher der Angreifer sein Messer hält, an und versuchen Sie, ihn dort durch Schnitte so zu verletzen, dass er sein Messer fallen lässt oder der Anblick seines eigenen Blutes ihm den Ernst der Lage bewusst macht und er die Flucht ergreift, aufgibt oder das Messer nicht mehr halten kann. Ideal ist es auch, wenn ich meinem Gegner, vorausgesetzt ich habe ein scharfes Messer, über die

Stirn oder die Augenbrauen schneide. Dadurch rinnt ihm das Blut in die Augen, was ihm die Sicht nimmt und ihm eventuell Angst macht.

Ist der Kampf schon in der Festhalte- bzw. Klammerdistanz und wir stechen aufeinander ein, wenn es also um Leben und Tod geht, so gilt es, den Gegner durch Festhalten oder Blockieren seiner Messerhand daran zu hindern, dieses gegen Sie einzusetzen, und Sie selbst versuchen, tödliche Stiche und Schnitte zu setzen. Sie selbst können aber auch in der Nahdistanz den Messerknauf zum Schlagen einsetzen. Diesen können Sie auch einsetzen, um den Gegner nicht zu schwer zu verletzen. Ich schlage ihm damit auf den Handrücken, in der er das Messer hält, oder z. B. auf die Nase, gegen die Zähne, das Jochbein oder den Kiefer.

Man kann bei einem Messerkampf in der anderen Hand, die das Messer nicht hält, noch eine Art Schutz mit einer Jacke oder Weste erreichen, wenn man diese um die Hand wickelt. Oder Sie wirbeln mit dem Kleidungstück einfach herum und versuchen, das Messer darin zu fangen oder die Sicht des Gegners zu stören. So können Sie dann mit Ihrem Messer die Messerhand des Gegners schneiden (Finger, Handrücken, Unterarm außen).

Wichtig ist bei einem Messerkampf natürlich auch, wo und wie Sie Ihr Messer führen und wie schnell Sie selbst Ihr Messer gezogen und zum Einsatz gebracht haben. Was natürlich auch trainiert gehört. Es gibt da richtige Experten, die ihr Klappmesser oder feststehendes Messer enorm schnell ziehen, es öffnen und damit auch zustechen können.

Eigentlich wollte ich hier auch ein eigenes Kapitel nur der Verteidigung mit einem Messer widmen. Aber da ich die Justiz kenne (speziell die österreichische – ich hatte in den letzten 25 Jahren über 30 Verhandlungen; teilweise war ich Angeklagter, Opfer und Zeuge. Viermal wurde ich auch – und das teils kurios – verurteilt.), kam ich zu dem Entschluss, dass es nicht ideal ist, ein Messer zur Verteidigung zu führen und zu verwenden. „Warum laufen Sie denn bewaffnet herum?“, „Haben Sie das so machen müssen?“, „Sind Sie nicht in Selbstverteidigung geschult?“ So lauten dann Fragen der Richter und Staatsanwälte bzw. versucht der gegnerische Rechtsanwalt einen schon mal als Messerstecher darzustellen. Daher sollte man das mitgeführte Messer dann schon als „Jausenmesser“ deklarieren können.

Aber auch in Deutschland sieht es, wie ich von deutschen Freunden weiß, die Justiz nicht gerne, wenn man als „unbescholtener“ Bürger mit einem Messer herumläuft, obwohl es dort die Messergesetze (Waffengesetze) einem schon schwermachen, ein geeignetes Messer zu finden.

Ideal ist es daher meiner Meinung nach, wenn Sie sich mit Dingen des täglichen Gebrauchs verteidigen, die Sie einfach zufällig in der Hand haben.

„Ja den Regenschirm habe ich deswegen dabeigehabt, weil ich ein paar Wolken am Himmel gesehen habe!“. Darum lege ich den Fokus dieses Buches auch auf diese Behelfswaffen im nächsten Kapitel ab S. 92.

Ich habe auch ein Negativbeispiel bzgl. Messer zur Verteidigung und der Justiz. Heinz (Name geändert), der eine europäische Kampfkunst trainiert – und ja, er ist so ein wie oben erwähnter Experte –, wurde da einmal von einem Mann mit einem Messer attackiert. Heinz zog (unzählige Male geübt) ebenfalls sein Einhandmesser, das er immer dabeihatte und das an dem Clip in seinem Hosensack befestigt war, und schnitt dem Angreifer damit über die Finger der Faust, in der dieser sein Messer hielt. Das Messer ließ der Mann danach sofort fallen. Es kam dann zu den üblichen Maßnahmen, wie Polizei, Rettung und später dann zu einer Gerichtsverhandlung. Bei dieser schwor der Geschnittene, dass er Heinz damals nur mit dem Messer drohen wollte, und er hätte niemals vorgehabt, ihn zu verletzen. Lange Rede – kurzer Sinn: Der Geschnittene wurde wegen gefährlicher Drohung verurteilt und Heinz wegen Körperverletzung, weil er ja auch weggehen oder weglaufen hätte können, so Staatsanwalt und Richter. Es war auch keine Notwehr und auch keine Notwehrüberschreitung nach dem realitätsfremden Richter, der Heinz auch anlastete, dass er überhaupt mit einem Messer unterwegs gewesen war, und in Frage stellte, ob er nicht selbst auch ein Messerstecher war.

Schlagstock und große Taschenlampe

Ein Schlagstock oder eine große, massive Taschenlampe kann, richtig eingesetzt, auch sehr gute Dienste leisten. Es kann z. B. so ein Teleskopschlagstock (ASP-Baton) schon effektiv sein, wenn Sie die Waffe durch ein angsteinflößendes metallisches Geräusch in die Verlängerung schütteln. Das kann einem Messerhelden schon mal zeigen, dass Sie es ernst meinen und Sie ihn auf Distanz halten können. Es sollten dann aber Schläge auf den Kopf folgen bzw. erachte ich es als wichtiger (hier denke ich auch an die Justiz bzgl. des Notwehr-Paragraphens),

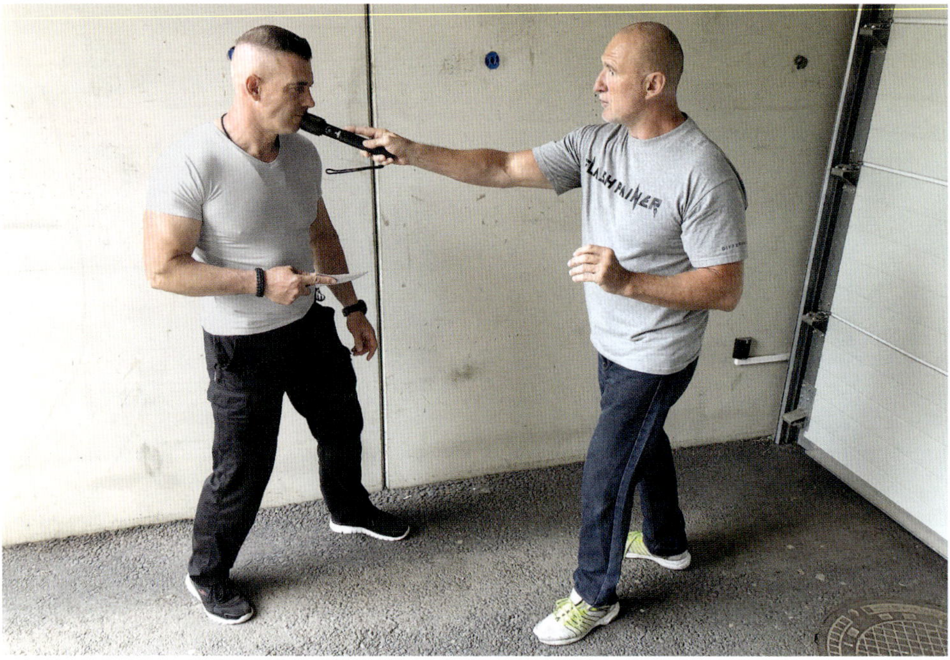

Ein Stoß mit der Lampe gegen die Zähne zeigt sicher Wirkung. © Ernst Angerbauer

Schläge auf die Messerhand zu verteilen. Natürlich wird der Gegner versuchen, das zu unterbinden, daher sollte es trainiert werden, eine bewegende Hand zu treffen.

Ich bin ein Verfechter des Stoßes, stoßen Sie den Stock oder die Lampe, wie bei einem Messerstich, in das Gesicht des Gegners, so können Sie ihn auch schwer verletzen (Augen, Kehlkopf, Mund, Zähne, Nase) bzw. auf Distanz halten.

Unter den Lampen gibt es extrem stark leuchtende mit bis zu 100.000 Lumen, die in den Augen für Blendung sorgen. Lampen, die in Haushalten zum Einsatz kommen, haben standardgemäß zwischen 600 und 800 Lumen. Auch kann man gewisse Lampen auf Blinken umstellen, was sehr böse sein kann. Dieses Blinken auf die Augen des Messermannes gerichtet, treibt so manchen in die Flucht. Aber auch schon normal stark leuchtende Lampen können einen Angreifer blenden, wenn man sie auf die Augen richtet. Ich plädiere hier für eine Taschenlampe, die man im Auto haben sollte bzw. am Gürtel oder in der Jackentasche führt, diese kann man ja auch sonst immer brauchen. Die Länge sollte aber schon mehr als 20 cm ausmachen.

Elektroschocker, Taser

Elektroschocker oder Elektroimpulswaffen haben den Nachteil, dass Sie dem Angreifer sehr nahe kommen und ihn damit berühren müssen, um bis zu 1.000.000 Volt abgeben zu können. Die Spannung von 1.000.000 Volt klingt enorm im Gegensatz zur Steckdosenspannung von 230 Volt. Die Stromstärke ist allerdings so niedrig bemessen, dass Ihnen selbst nichts geschehen kann, auch wenn der Angreifer Sie während des Schocks berührt, und der Geschockte daran nicht stirbt.

Durch den Elektroschock tritt beim Angreifer eine lokale Muskellähmung ein. Es gab aber schon Personen, die von so einem Stromstoß überhaupt nicht beeindruckt waren. Neben der Geräteleistung, der Verfassung des Gegners (Drogeneinfluss, Erregung, Trunkenheit ...) hängt die Wirkung auch vom Berührungsort (am besten sind Brust und freie Hautflächen) und der Berührungsdauer ab. Dicke und feste Kleidung (Lederjacke) mindern die Schmerzwirkung.

Generell gelten folgende Reaktionen:

- bis 0,5 Sekunden: Muskelkontraktion und Schmerz
- 1–3 Sekunden: Gleichgewichtstörungen und Störung der Muskelkontrolle
- über 3 Sekunden: Mentale Verwirrtheit und Desorientierung

Der Angreifer ist somit unfähig zu handeln und stürzt meist zu Boden. Der große Vorteil eines solchen Gerätes ist, dass, wenn Sie einem Messerhelden mit einem E-Schocker gegenüberstehen und die Funken des Gerätes mit dem gefährlich klingenden Knattern sprühen lassen, es sein kann, dass ihn das so einschüchtert, dass er von einer Attacke ablässt.

Den E-Schocker gibt es auch als Distanzwaffe, den Taser. Mit dieser Waffe verschießen Sie Projektile, die mit Widerhaken versehen sind und die mit bis zu 10 Meter langen Drähten verbunden sind, über welche ca. 50.000 Volt Strom geleitet wird. Diese Art Waffe wird hauptsächlich von der Polizei weltweit erfolgreich eingesetzt. Privatleuten ist der Besitz und das Führen nur unter bestimmten Auflagen erlaubt.

Ich habe mich selbst einmal für eine Sicherheitsreportage für den Fernsehsender ATV tasern lassen. Auf Youtube *(slow motion Taser Painer Karl)* gibt's den Selbstversuch zu sehen. Ich wollte meinen Freund Ernst mit einem Messer attackieren, er feuerte aber den Taser ab. Es war ein extremer Schmerz, der mich sofort durchfuhr, ich wollte umfallen, aber mein Körper reagierte zunächst nicht und verkrampfte sich. Es waren die längsten 5 Sekunden meines Lebens. Resümee meines Versuches: So ein Taser ist eine absolut wirksame Waffe, wenn man das Gegenüber nicht verletzen will. Wobei es bei dem Einsatz von Tasern bereits auch schon Tote und Schwerverletzte gab. Die Toten hatten aber meist von Haus aus Herzprobleme oder stürzten, nachdem sie getroffen worden waren, so unglücklich, dass sie sich verletzten.

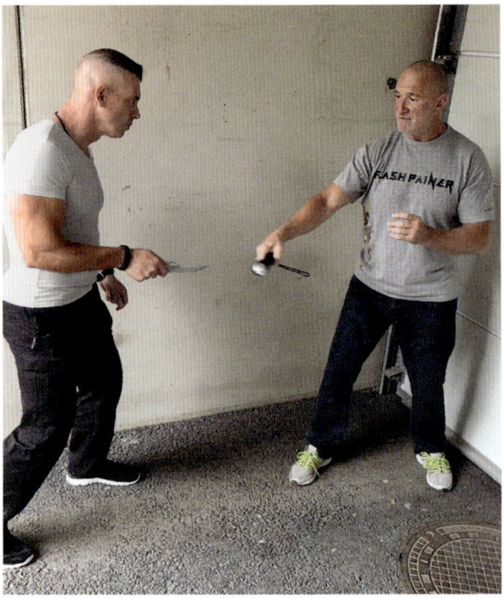

Der Elektroschocker sprüht Funken.

RECHTLICHES

> Wichtig beim Führen von Waffen ist vor allem die Gesetzeslage in dem Lande, wo Sie die Waffe dabeihaben, und ob Sie die Berechtigung dafür haben. Natürlich darf dann auch der Einsatz nur nach der geltenden Gesetzeslage (Notwehr, Nothilfe, Anhalterecht) erfolgen.

Auch ist das Führen von Land zu Land unterschiedlich, ein Messer, das in Österreich erlaubt ist (z. B. Einhandmesser), ist in Deutschland schon verboten. Gewisse Waffen dürfen Sie zuhause haben und auch zur Selbstverteidigung einsetzen, aber nicht mitführen. Speziell ist hier das Gesetz von Pfeffersprays, die in Deutschland eigentlich nur gegen Tiere eingesetzt werden dürfen. Kommt es aber zu einer Selbstverteidigungslage und Sie haben ihn zur Hand, darf er auch gegen Menschen eingesetzt werden.

STICHSCHUTZWESTEN

Was ich jedem Security nach Auswertung von verschiedensten Videoaufzeichnungen von Lokalen weltweit empfehlen kann, ist, mit Stichschutzwesten zu arbeiten. In vielen Videos, die ich analysierte, war meist zu sehen, dass aus dem Hinterhalt angegriffen wurde bzw. unvorhersehbare Stiche in die Weste, also in den Bauch- und Brustbereich, oder von hinten in den unteren Rücken gehen und die Täter meist danach sofort davonlaufen.

Wichtig aber ist, dass Sie die Weste unter normaler Kleidung verbergen und auch nicht hinausposaunen, dass Sie eine tragen. Denn wenn ein Angreifer das weiß, wird er sicher andere Körperteile (wie den Hals) angreifen.

Gut zu sehen ist eine plötzliche Messerattacke auf Türsteher und wie die Schutzweste sie schützt in folgendem Video: https://www.youtube.com/watch?v=xMWZNGGgrbY

Auch ich habe schon vermehrt mit Stichschutzweste gearbeitet. Man fühlt sich damit gleich sicherer, aber außer bei Vorführungen habe ich sie nie als Messerschutz gebraucht. Einmal schützte sie mich aber vor einem Faustschlag, den mir im Zuge einer Auseinandersetzung mit mehreren Personen einer von hinten in die Nieren versetzte. Der hinterhältige Angreifer hatte sich damals ganz schön seine Knöchel und sein Handgelenk verstaucht, denn mit der Weste unter der Jacke hatte er nicht gerechnet.

Für den Security weiters zu empfehlen sind Schnittschutzhandschuhe.

Das sind Handschuhe, die mit einem schnitthemmenden Gewebe verstärkt sind (Kevlar, Aramid, Kettengeflecht). Es gibt sie in verschiedenen Ausführungen und unterschiedlichen Schutzklassen. Besondere Varianten schützen sogar gegen Angriffe mit Injektionsnadeln.

Ich habe diese Handschuhe auch mal getestet und man kann problemlos damit das schärfste Messer an der Klinge fassen und es einem Angreifer aus der Hand heraushebeln.

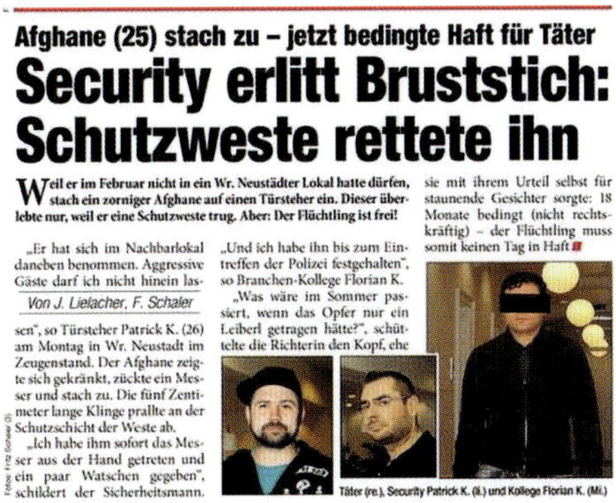

Afghane (25) stach zu – jetzt bedingte Haft für Täter

Security erlitt Bruststich: Schutzweste rettete ihn

Weil er im Februar nicht in ein Wr. Neustädter Lokal hatte dürfen, stach ein zorniger Afghane auf einen Türsteher ein. Dieser überlebte nur, weil er eine Schutzweste trug. Aber: Der Flüchtling ist frei!

„Er hat sich im Nachbarlokal daneben benommen. Aggressive Gäste darf ich nicht hinein las-

Von J. Lielacher, F. Schaler

sen", so Türsteher Patrick K. (26) am Montag in Wr. Neustadt im Zeugenstand. Der Afghane zeigte sich gekränkt, zückte ein Messer und stach zu. Die fünf Zentimeter lange Klinge prallte an der Schutzschicht der Weste ab.

„Ich habe ihm sofort das Messer aus der Hand getreten und ein paar Watschen gegeben", schildert der Sicherheitsmann. „Und ich habe ihn bis zum Eintreffen der Polizei festgehalten", so Branchen-Kollege Florian K.

„Was wäre im Sommer passiert, wenn das Opfer nur ein Leiberl getragen hätte?", schüttelte die Richterin den Kopf, ehe sie mit ihrem Urteil selbst für staunende Gesichter sorgte: 18 Monate bedingt (nicht rechtskräftig) – der Flüchtling muss somit keinen Tag in Haft

Täter (re.), Security Patrick K. (li.) und Kollege Florian K. (Mi.)

Quelle: Zeitung Heute, 19. April 2016

ALLTAGSGEGENSTÄNDE ZUR SELBSTVERTEIDIGUNG

Ideal zum Einsatz als Behelfswaffe sind Dinge, die länger bzw. gleich lang wie ein Messer sind und die in der Umgebung, in der Sie sich befinden, nicht auffallen, wenn Sie diese in der Hand oder am Körper tragen.

Also ein Hirten- oder Wanderstock (wie der von Gandalf aus Herr der Ringe) würde im Vergleich zu einem Regenschirm in einer Stadt genauso wie ein Golf- oder Baseballschläger ziemlich stark auffallen.

Sind Sie im Werfen und Treffen trainiert, so eignen sich Dinge in der Hand, die auch nicht zu sehr auffallen. Feuerzeug und Zigaretten oder Münzen fallen nicht so auf wie Qi-Gong-Kugeln oder Steine. Ich bin mit meinem Qi-Gong-Kugeln z. B. öfters aufgefallen, aber kaum jemand sah darin eine „Behelfswaffe".

Generell gilt natürlich für alle Gegenstände (Schirm, Sessel, Stock, Fahrrad ...), dass die Gefahr besteht, dass der Gegner diese fängt oder festhält. Damit müssen Sie rechnen und Sie sollten nicht um diese kämpfen, sondern die Energie des Gegners ausnützen, indem Sie plötzlich nachgeben und den Stuhl zum Beispiel auf den Gegner loslassen. Seine Überraschung sollten Sie nützen, um eine Verteidigungstechnik beim Gegner anzubringen oder zu flüchten.

Ich möchte hier nun einige Gegenstände beschreiben, die ich als geeignet empfinde, dass man sie ideal zur Verteidigung einsetzen kann, und die sich im Training und auch bereits im Ernstfall bewährt haben.

REGENSCHIRM

Der Regenschirm ist das von mir bevorzugte Hilfsmittel.

Ich teile die Schirme in drei Arten ein:

- den gebogenen Handgriffschirm
- den geraden Knaufschirm
- den Teleskopschirm

Den gebogenen Handgriffschirm kann ich zusätzlich zu den beiden anderen nicht nur zum Stoßen und Schlagen verwenden, sondern mit dem gebogenen Griff verschiedenste Techniken am Gegner ausführen. Ich kann ihn hinten am Hals, an den Füßen oder der Hand einhaken und den Gegner kontrollieren, stören oder zu Fall bringen.

Beim Teleskopschirm ist das Problem, dass er, ganz ausgefahren, nicht so stabil wie die anderen beiden ist.

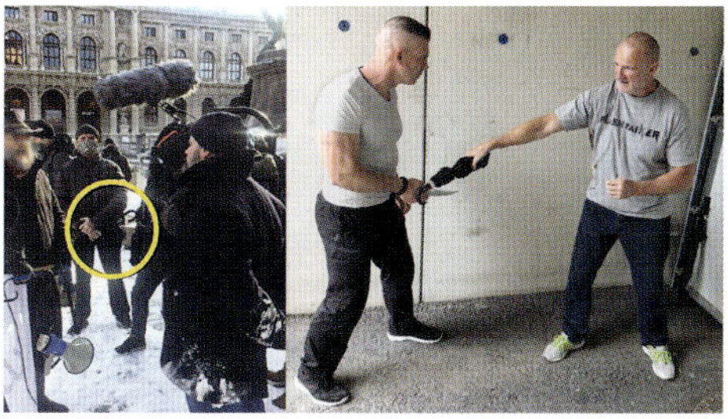

Ich mit einem Schirm bei einem Securityeinsatz (links) und bei einer Attacke (rechts)
Rechts: © Ernst Angerbauer
Ich schlage mit einem Teleskopschirm (Knirps) auf die Messerhand (Handrücken).

> Wichtig bei der Anschaffung ist, dass Sie sich sehr stabile und schwere Schirme besorgen. Im Handel gibt es auch spezielle, für die Selbstverteidigung erzeugte Regenschirme. Diese sind natürlich um einiges robuster.

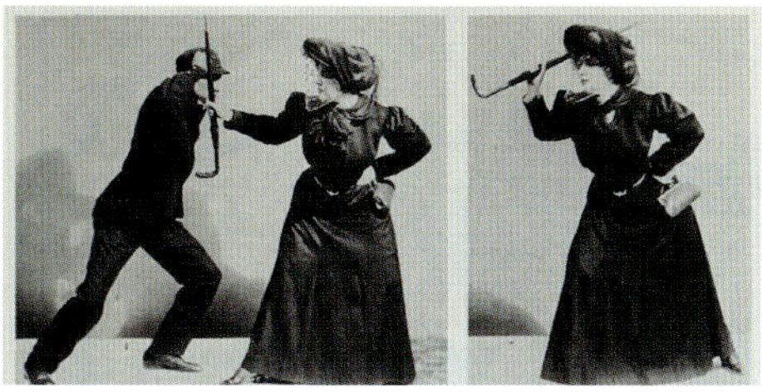

Schon um 1900 lehrte man bei Bartitsu (eine europäische Kampfkunst aus England) die Verteidigung mit einem Regenschirm. Die Darstellung mag gekünstelt wirken, das war aber für die damalige Fotografie und Darstellungsform so üblich.
Beide Fotos: © Percy C. Byron

Ältere Semester und Gehbehinderte können statt dem Schirm auch einen Gehstock als Waffe einsetzen. Sehr gut ist auch eine Krücke einzusetzen, vorausgesetzt man kann trotz Behinderung (ich nehme an, man ist verletzt) damit arbeiten.

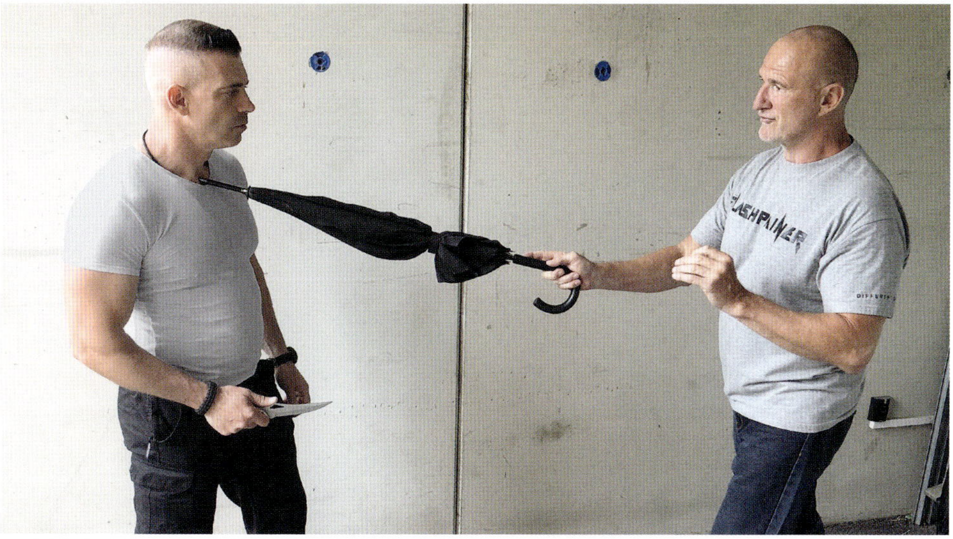

Stoß mit der Schirmspitze in den Hals (Halsgrübchen), man kann aber auch gegen die Augen stechen (sehr gefährlich) oder von unten mit der Spitze in die Hoden hinaufschlagen.
© Ernst Angerbauer

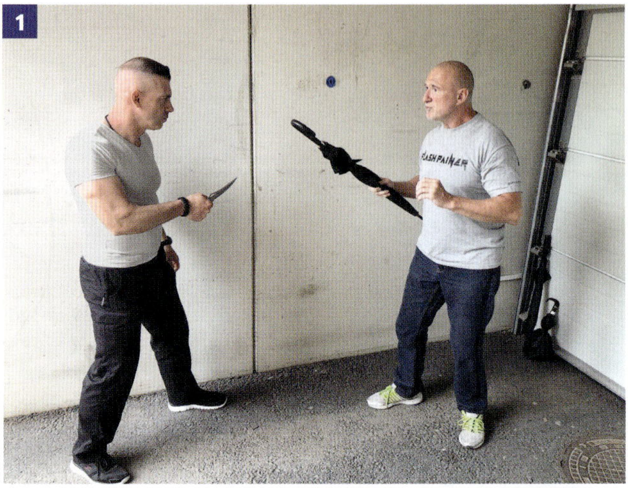

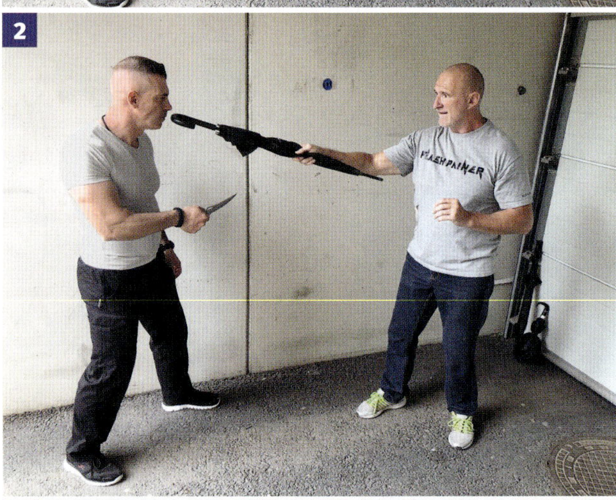

(1) und (2) Ich stoße zunächst den Schirmknauf in die Zähne des Angreifers, (3) wechsle dann aber sofort hinter seinen Kopf, wo ich den Knauf einhake. Das ergibt einen sehr stabilen und auch festen Hebel. (4) Wenn ich nun daran ziehe, ist es für den Angreifer sehr schmerzhaft und ich kann meinen Gegner einfach zu Boden ziehen, wo ich ihm noch einen oder mehrere Kniestöße zum Kopf versetze.

Alle Fotos: © Ernst Angerbauer

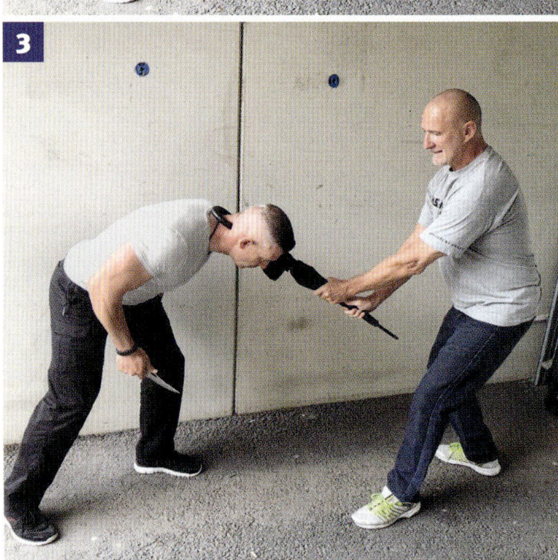

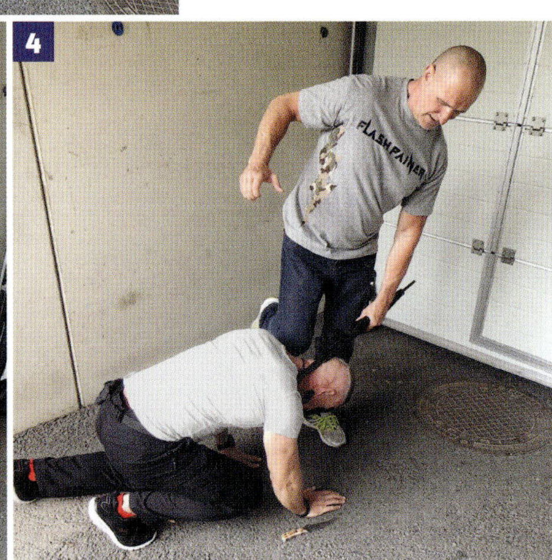

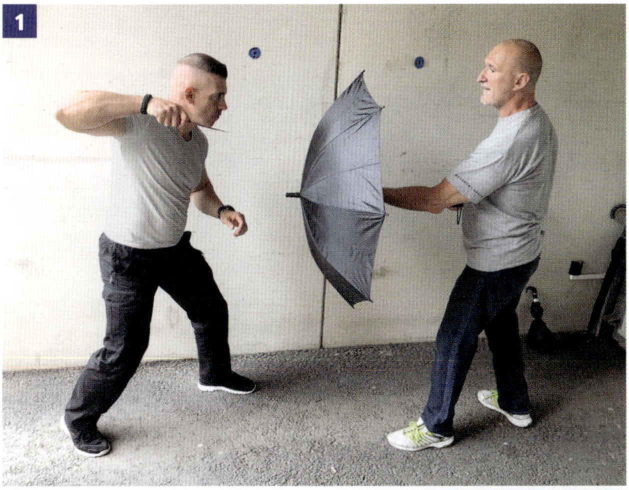

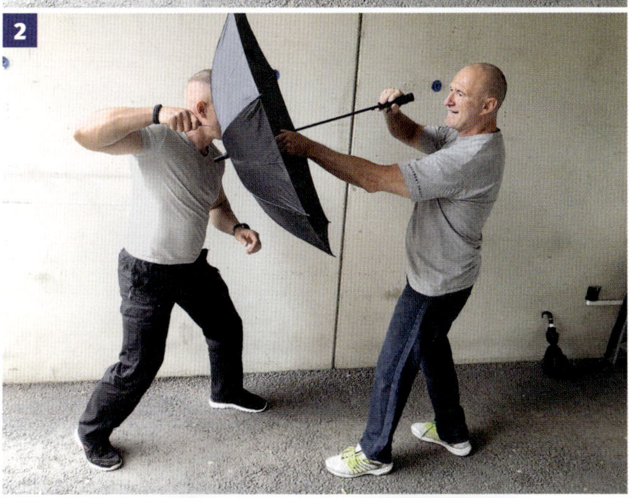

(1) Ich kann den Schirm, falls er sich rasch genug öffnen lässt, auch aufspannen. (2) Damit kann ich dem Angreifer die Sicht nehmen, ihn stören und (3) und (4) auch kurzfristig das Messer „fangen“. Ich versetze ihm hier danach einen Tritt in die Hoden und werde entweder davonlaufen oder Nachfolgetechniken einsetzen.

Alle Fotos: © Ernst Angerbauer

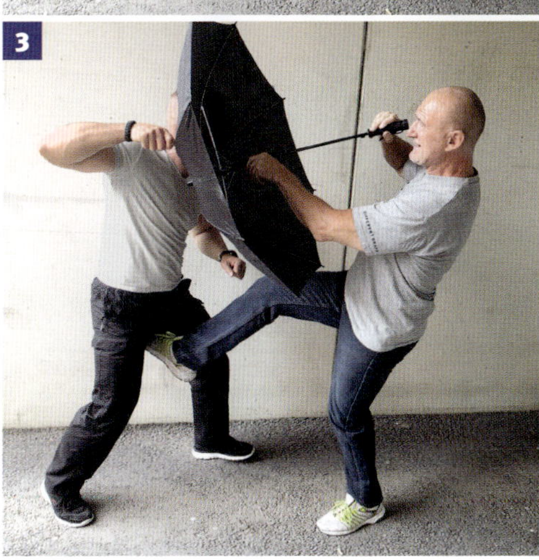

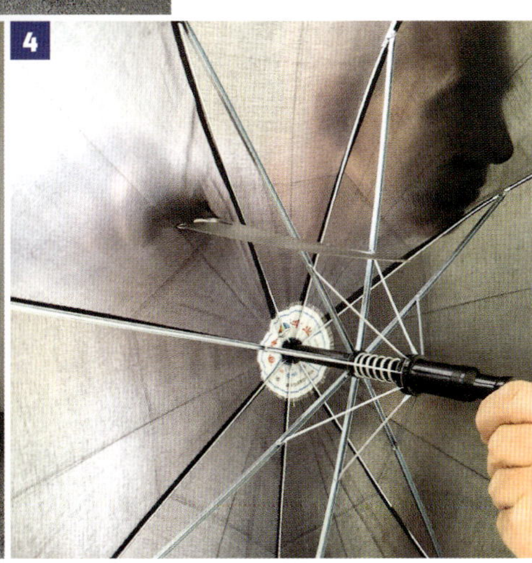

JACKE

Da läuft man doch auch im Sommer bei um die 25 °C mit einer Jacke oder einer Weste in der Hand oder über die Schulter gelegt herum und wird von anderen Passanten als seltsam eingestuft. Würden die erst wissen, dass man auch noch Steine in den Taschen verwahrt oder eingenäht hat, so würde man erst recht als Spinner angesehen werden.

Ich bin aber so ein Spinner. Habe ich die Jacke angezogen, dienen die Steine, wenn nötig, zum Werfen. Ist die Jacke ausgezogen dienen sie zum Verstärken des möglichen Einsatzes. Es kann nämlich sehr schmerzhaft sein, wenn man genau den Jackenteil mit den Steinen an den Kopf oder auf die Messerhand bekommt.

Eine ganz große Möglichkeit beim Einsatz von einem Kleidungsstück, kann auch das Verfangen des Messers darin sein. Das sollte es auch und dem Angreifer so aus der Hand gerissen werden. Dabei schlagen Sie damit enge Achter auf das Messer (die Luft). Aufpassen sollten Sie, dass der Angreifer die Jacke nicht fängt bzw. wenn doch, dann sollte sofort eine Technik (Tritt ins Schienbein, Knie oder Unterleib) von Ihnen folgen.

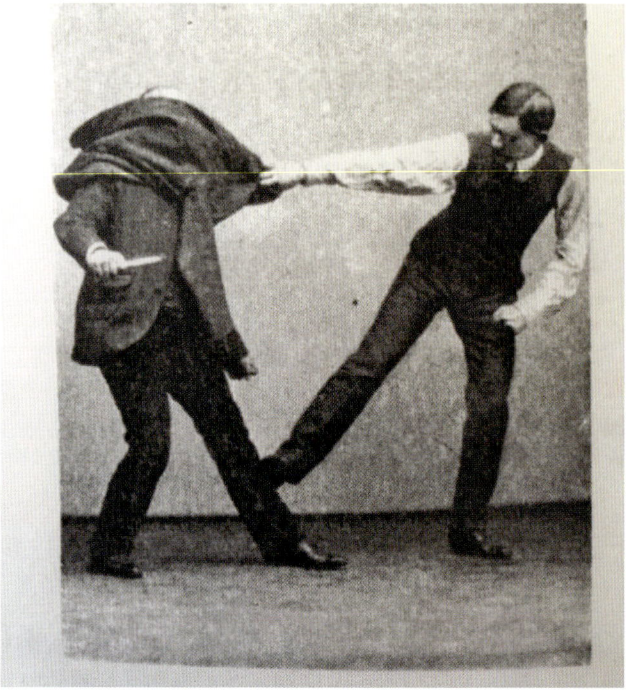

Trick 32 aus dem Buch *Die Kunst der Selbstwehr* aus dem Jahre 1921.
Man schlägt den Rock schnell und heftig ins Gesicht des Angreifers, passe aber auf, dass er die Kleider nicht packt. Gleichzeitig versetzt man ihm einen seitlichen Fußtritt ins Schienbein. (der Autor Edmond Vary)[16]

16 Quelle: Edmond Vary: Die Kunst der Selbstwehr. 1921.

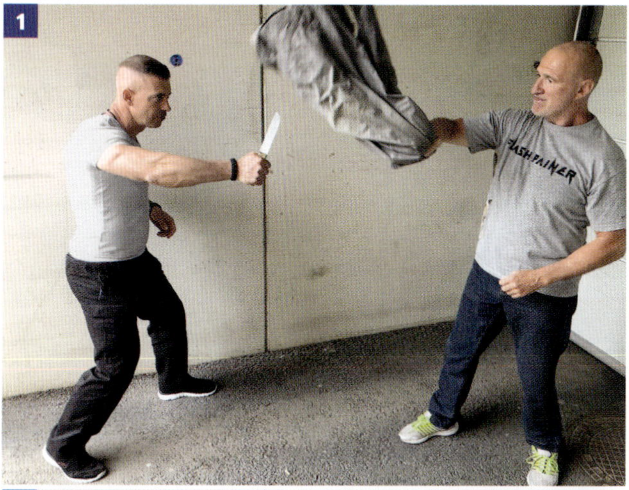

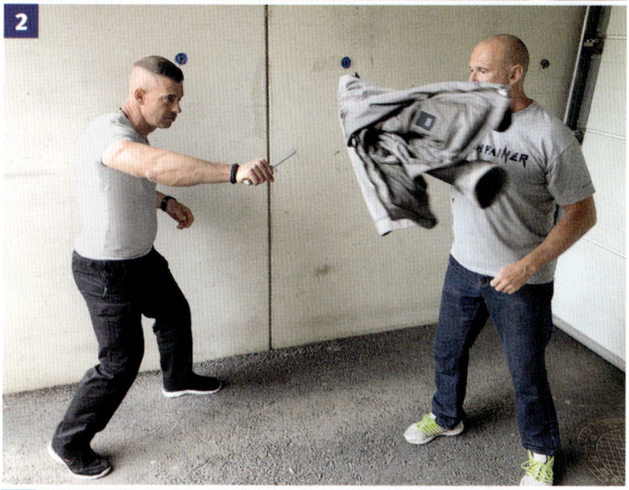

(1) und (2) Ich schlage mit der Jacke enge Achter, um den Angreifer zu verwirren, ihm die Sicht zu nehmen und das Messer zu fangen. (3) Habe ich das Messer gefangen, kann ich entweder die Messerhand noch fassen oder das Messer in der Jacke verfangen lassen. Eventuell kann ich ihm auch das Messer entreißen. (4) Als Abschluss gibt es hier von mir einen Tritt in die Hoden. Ich könnte aber auch die Jacke losgelassen und einen Faustschlag zum Kopf folgen lassen.

Alle Fotos: © Ernst Angerbauer

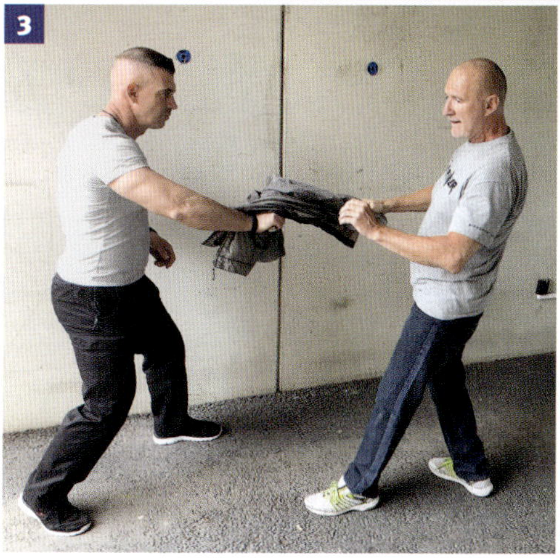

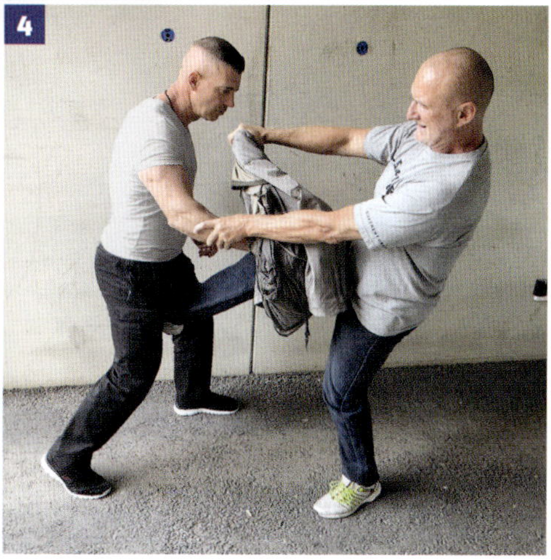

SCHIRMKAPPE

Ja auch eine Schirmkappe lässt sich gut einsetzen.

Man packt sie an der Vorderseite und wirft sie dem Angreifer ins Gesicht bzw. hält man sie am Schirm fest und schlägt ihm mit den Versteller fest in das Gesicht oder auf die Messerhand. Man kann auch versuchen, so zu schlagen, dass sich das Messer in der Kappe verfängt. Wichtig ist dabei, dass die Kappe einen sehr harten Versteller und einen harten Schirm hat. Der Versteller sollte aus Metall sein bzw. sollte selbst durch Metall (Drahtgeflecht) verstärkt werden. Aber bitte nicht mit Rasierklingen, denn das gibt es auch, ist aber verboten. Ich habe leider schon Jugendliche angetroffen, die ihre Kappen so präpariert hatten. Auch die Rasierklinge wird gerne auf einer Kreditkarte als Waffe befestigt.

1

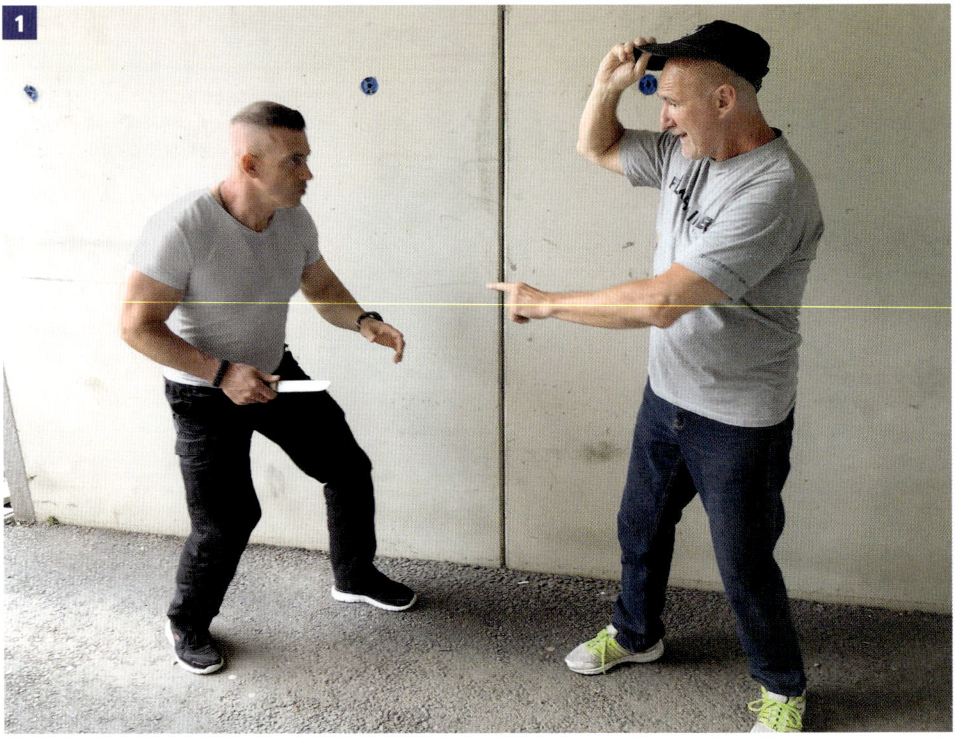

2

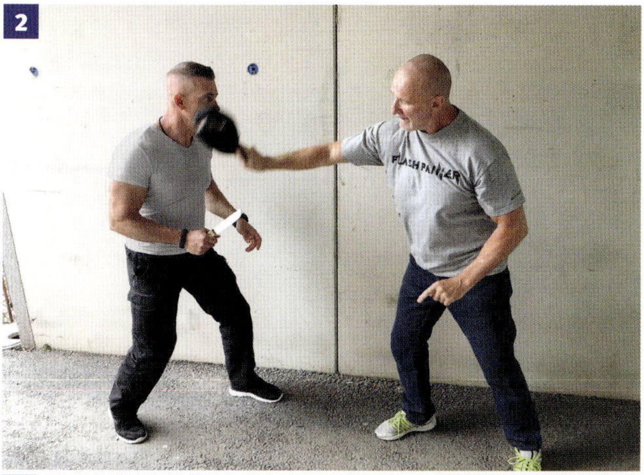

3

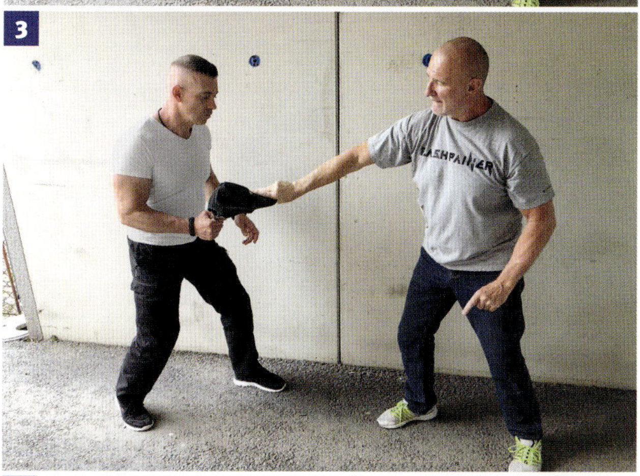

4

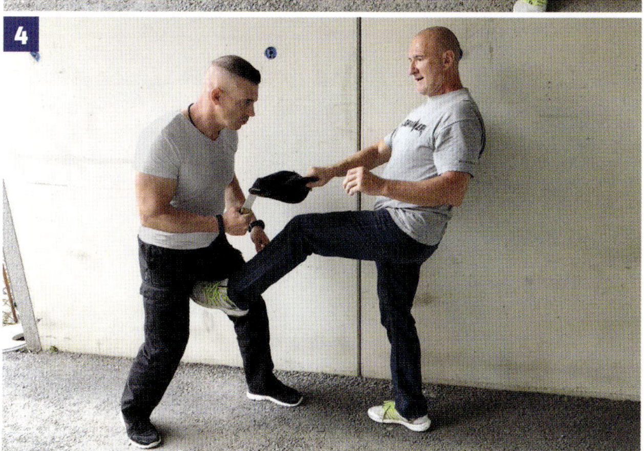

(1) und (2) Ich schlage zunächst mit dem Versteller dem Angreifer auf die Nase und (3) fange als Nächstes das Messer mit der Kappeninnenseite. (4) Zum Abschluss folgt wieder ein fester Tritt in die Hoden.
Alle Fotos: © Ernst Angerbauer

WURFGEGENSTÄNDE

Schon im Alten Testament gab es da David, der Goliath mit einem Stein kampfunfähig schoss. Ich schoss einst, wie bereits beschrieben, einen Messerangreifer (Cuttermesser) mit einer Qi-Gong-Kugel k. o.

Mein Ex-Kamerad und Co-Trainer, ein ehemaliger Fremdenlegionär, also ein harter Knochen, wurde einst durch eine 50-Cent-Münze von einer Frau bei einem Kurs außer Gefecht gesetzt. Sie traf ihn perfekt im Auge.

> **Also gewisse kleine geworfene Dinge können große Wirkung erzielen: Kugeln, Steine, Handy, Geldtasche, Münzen können, mit Glück, den Angreifer außer Gefecht setzen.**

Ich habe diesbezüglich auch ein interessantes Video aus Südamerika in meinem Archiv. Zu sehen ein athletisch durchtrainierter junger Mann, der wie Bruce Lee tänzelte und mit den Fäusten Löcher in die Luft schlug. Die Bewegungen sahen sehr gut aus und er war sicher ein erfahrener Kämpfer. Sein Gegenüber wurde im Video nicht gezeigt. Man sieht dann nur etwas auf die Stirn des Tänzlers auftreffen, der sofort wie ein Stück Brett nach vorne fiel und regungslos liegenblieb. Der von ihm „Bedrohte" soll mit einem Werkzeug (Zange oder Schraubenschlüssel) geworfen haben. Auf jeden Fall war es ein perfekter Treffer.

Um sich nicht nur auf das Glück zu verlassen, ist der Effekt wichtig, wie Sie diese Dinge richtig werfen! Dabei wird die werfende Hand genau auf Höhe des Zieles (Augen) mit der Innenfläche der anderen Hand abrupt gestoppt und das zu werfende Ding losgelassen. Es sollte, so beschleunigt, mit verstärkter Wucht auftreffen. Natürlich sollten Sie auch das vorher öfters üben. Wie schon erwähnt, habe ich es damals mit Tischtennisbällen perfektioniert.

Man kann damit den Angreifer aber auch nur ablenken, um eine sinnvolle Technik auszuführen bzw. um zu flüchten. Bei einer Ablenkung sollte der Wurf mit den Münzen, der Geldbörse, dem Mobiltelefon, der Zigarettenpackung u. Ä. so erfolgen, dass der Angreifer sieht, dass etwas auf ihn zugeflogen kommt, also der Wurf sollte eher langsam und in sein Sichtfeld erfolgen. Werfen Sie die Zigarettenpackung ihm locker hin, das löst oft einen „Fangreflex" beim Gegenüber aus. Lassen Sie sofort einen Tritt in sein Schienbein, Knie oder Unterleib folgen, wobei der Unterleib oft nicht so einfach zu treffen ist, wie man glaubt, da der Angreifer meist auch seitlich von seinem Gegenüber steht.

> **Natürlich dürfen Sie nicht glauben, wenn Sie da Ihr Mobiltelefon oder was auch immer dem Angreifer ins Gesicht geworfen haben, dass es das nun war, sondern der Wurf dient ja nur zur Ablenkung.**

Sie könnten dem Angreifer auch eine Flüssigkeit in die Augen schütten. Sie stehen an der Bar, haben ein Glas mit einem Getränk in der Hand und werden bedroht. Zuerst schütten Sie ihm das Getränk ins Gesicht und dann werfen Sie das Glas hinterher.

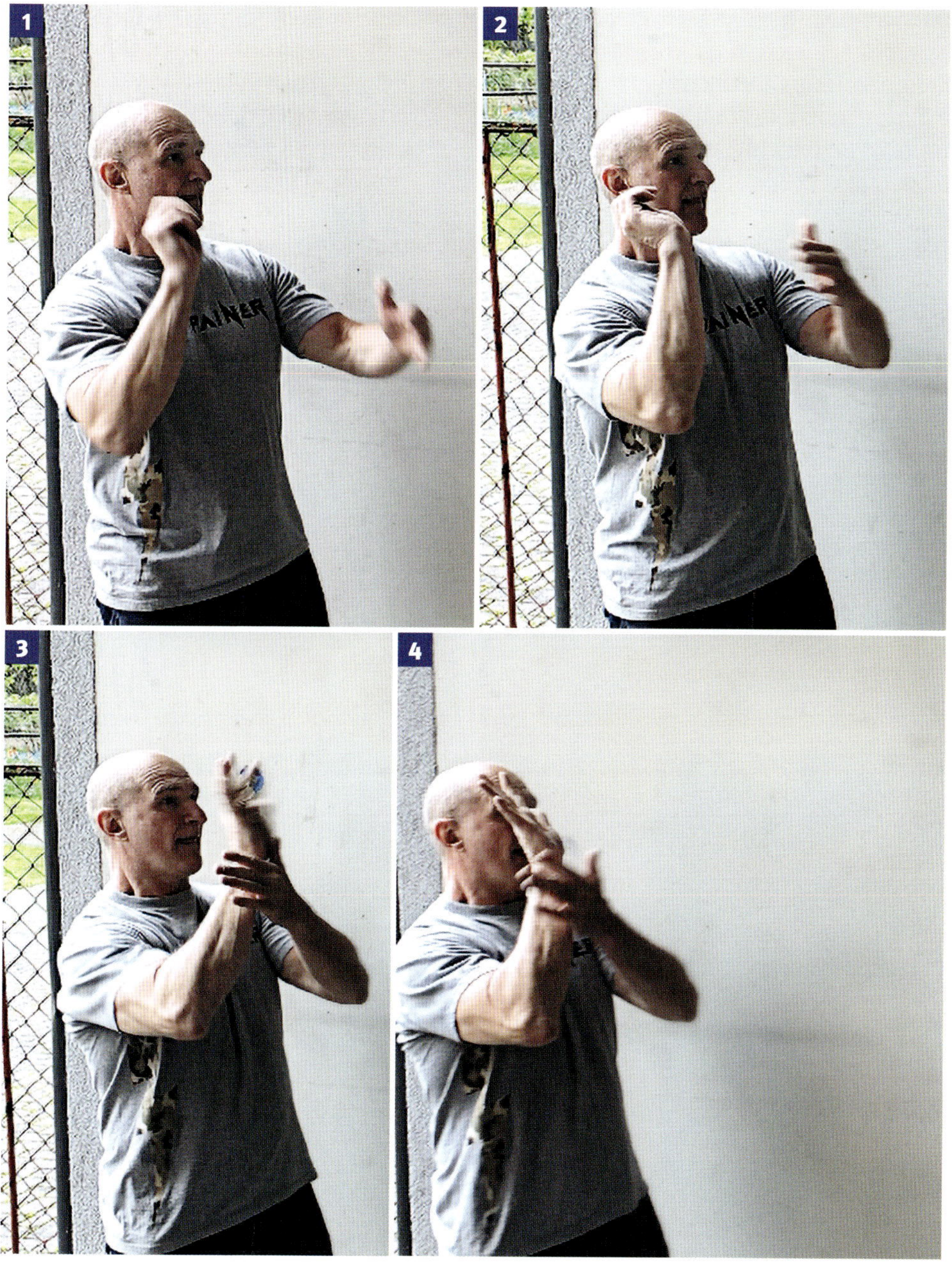

(1) bis (4) Die korrekte Wurftechnik. Hier schleudere ich sechs Münzen meinem Gegenüber in Richtung Augen entgegen, wobei sicher zwei Münzen die Augen schmerzhaft treffen werden.
Alle Fotos: © Ernst Angerbauer

Sand oder Salz eignet sich auch, um dem Angreifer kurzfristig die Sicht zu nehmen. Gezieltes Spucken geht eventuell auch, ich habe das mal mit Kirschkernen trainiert, nur sollte sofort eine Technik auf das Spucken folgen, da nämlich die Möglichkeit besteht, dass Sie durch solche Aktionen den Angreifer noch wütender machen. Wer lässt sich schließlich schon gerne ins Gesicht spucken?

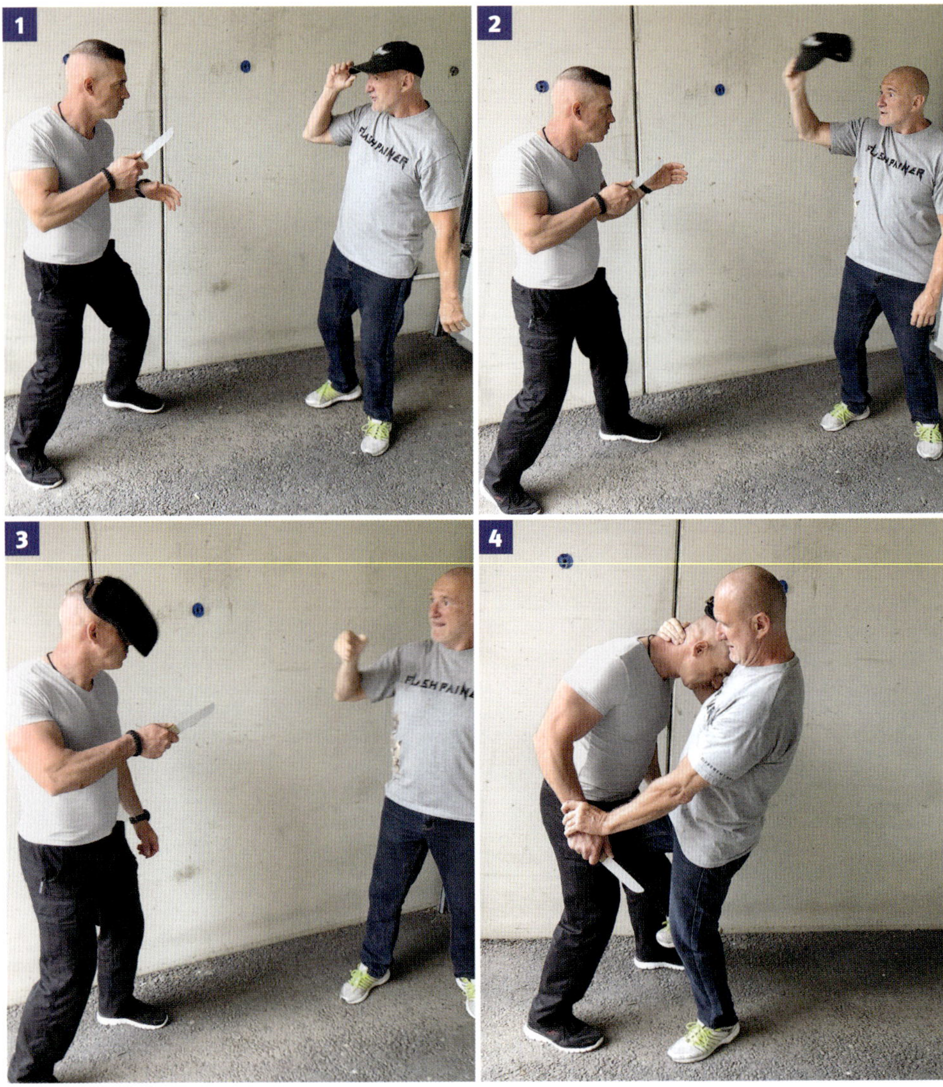

(1) und (2) Hier verwende ich eine geworfene Kappe zur Ablenkung. (3) Sobald die geworfene Kappe dem Angreifer die Sicht nimmt, (4) setze ich nach vor, ergreife die Messerhand und lasse einen kräftigen Kniestoß zu den Hoden folgen.

Alle Fotos: © Ernst Angerbauer

GÜRTEL

Der Gürtel ist ein schon altes „Straßenschläger"-Nahkampfmittel, das aber auch heute noch vermehrt eingesetzt wird, wie ich bei meinen Videoanalysen sehe. Dort werden sie aber immer als Angriffswaffe verwendet.

Ideal ist es, wenn Sie eine schwere und stabile Gürtelschnalle haben. Ein Problem ist, das es einige Zeit braucht, bis sie den Gürtel aus den Schlaufen der Hose entfernt haben. Das lässt sich aber trainieren und kann auch für die Nothilfe taugen. Sie sollten den Gürtel aber nicht ganz am Ende halten, eher am letzten Drittel, so verhindern Sie, das sich der Gürtel um die Hand des Gegners schlingt und Sie Gefahr laufen, diesen entrissen zu bekommen. Auch ist die Handhabung so einfacher und die Energie, die Sie beim Schlagen übertragen, um einiges wuchtiger.

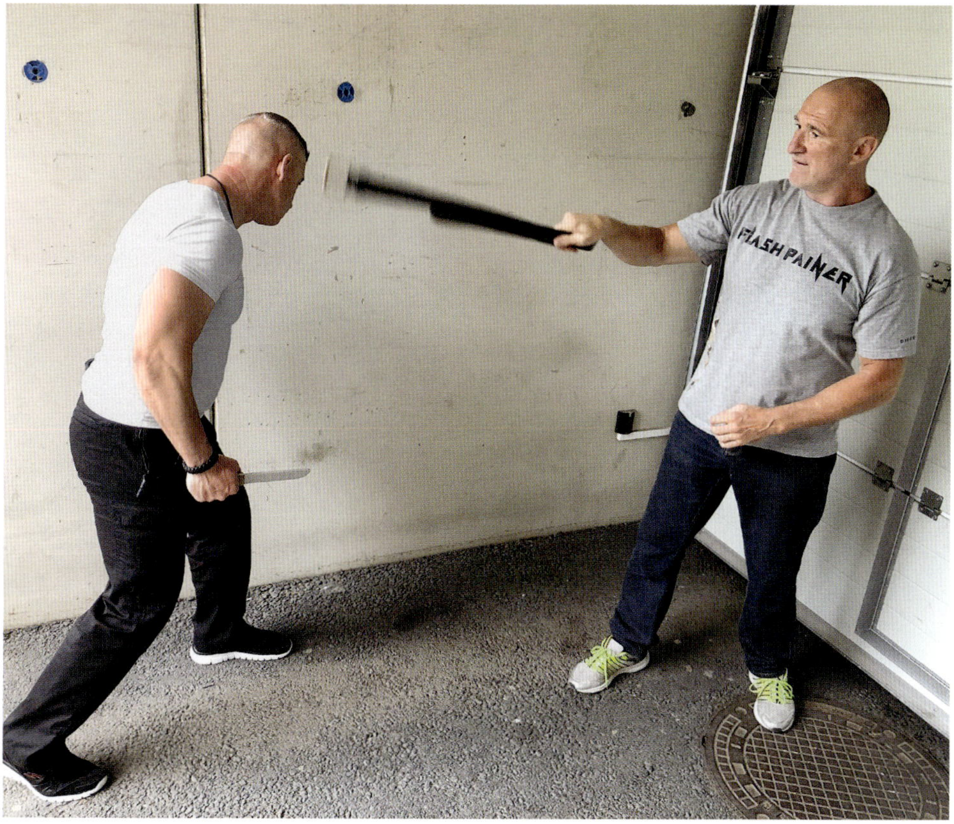

Am besten schlagen Sie mit dem Gürtel enge Achter und versuchen, den Kopf bzw. die Messerhand zu treffen. Wichtig ist aber, dass Sie vorher trainieren und herausfinden, wie sich so eine Gürtelschnalle verhält, wenn sie auf Widerstand trifft. Diese kommt nämlich meist unkontrolliert auf Sie zurück und kann Sie selbst schwer verletzen.

© Ernst Angerbauer

WEITERE HILFREICHE GEGENSTÄNDE

Was noch von Nutzen sein kann, ist eine größere Getränkeflasche (ideal sind die großen Fitnessflaschen mit Griff).

Stabile, gut gefüllte (vielleicht mit ein, zwei Steinen oder dem Einkauf darin) Stoff-Einkaufstüten, Rücksäcke oder Herrenhandtaschen sowie Aktenkoffer eignen sich zum Schlagen oder Abwehren. Sind Sie mit dem Fahrrad unterwegs, ist einmal das Fahrrad selbst als Barriere bzw. Distanzhalter einzusetzen. Die Luftpumpe oder der Fahrradhelm eignen sich zum Schlagen und Stoßen. Der Helm kann auch als Schild eingesetzt werden und das Messer eventuell darin stecken bleiben.

Ein hartes, stabiles Buch, ein Tablet oder ein Timeplaner kann ebenfalls als Schild oder zum Schlagen und Stoßen verwendet werden.

In feste, geschlossene Schuhe kann man mit der Hand reinschlüpfen und zustoßen oder schlagen – vorausgesetzt Sie haben diese schnell genug ausgezogen. Schon eine Tageszeitung kann zusammengerollt dazu dienen, den Angreifer zu stören (auf das Messer oder ins Gesicht schlagen oder stoßen).

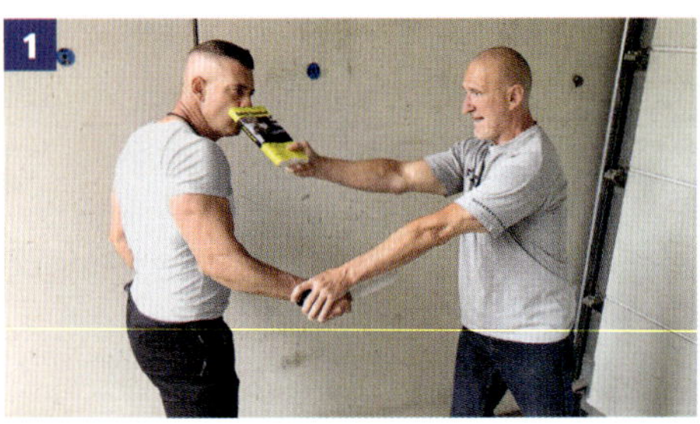

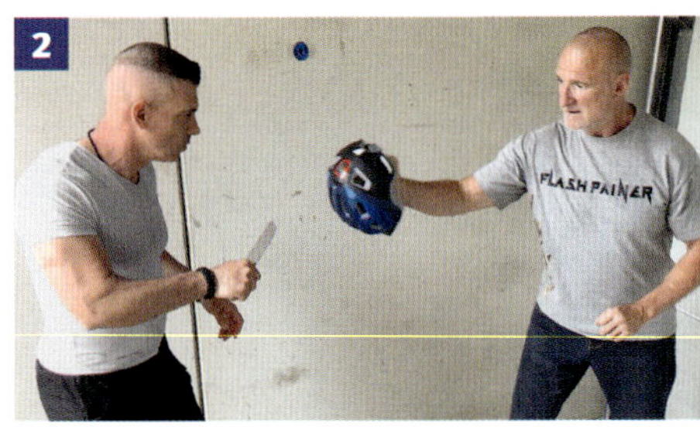

(1) Ich verwende ein Buch zum Schlagen auf Mund und Nase und (2) einen Fahrradhelm als Schutzschild. Beide Fotos: © Ernst Angerbauer

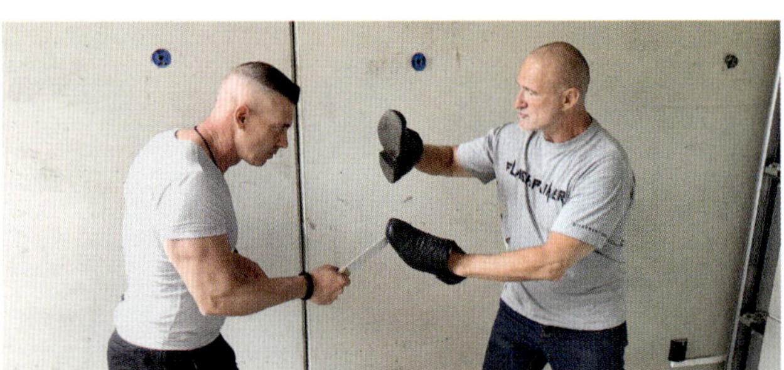

Auch stabile Schuhe eignen sich, das Messer zu stören und den Angreifer damit ins Gesicht (Mund, Nase, Augen) zu stoßen. Jetzt werden viele meinen: „Bis ich meine Schuhe ausgezogen habe, bin ich längst mehrfach gestochen worden!“ Das Beispiel Schuhe soll zeigen, dass bei der Abwehr der Fantasie keine Grenzen gesetzt sind. In einer Nothilfesituation, wo man sonst nichts hat, findet man vielleicht die paar Sekunden, um aus seinen Schuhen zu schlüpfen.
© Ernst Angerbauer

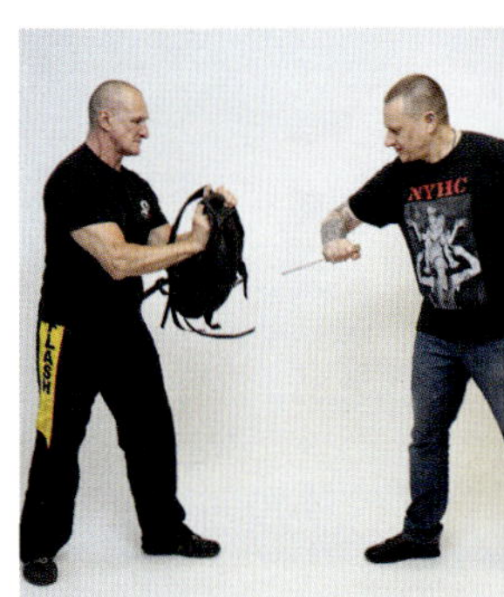

Der Umgang mit allen Behelfsmitteln will natürlich gut trainiert werden. Hier verwende ich einen Rucksack als Schutzschild und versuche, Stiche abzuwehren.
© Ernst Angerbauer

ERSTE HILFE

Im Jahre 2019 brachte sogar die Frauenzeitung *illu der Frau* eine ganze Seite zum Thema „Wie versorge ich eine Stichwunde?“. Dass das Problem schon in einer solchen Zeitschrift angekommen ist, zeigt, wie akut die Lage diesbezüglich sein muss und von der Öffentlichkeit so gesehen wird.

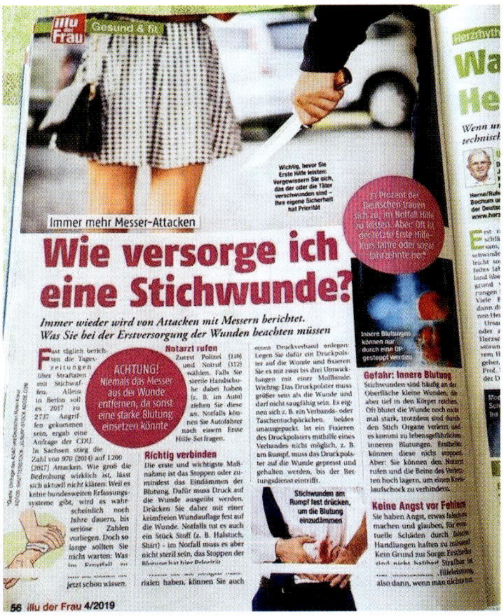

Frauenzeitung *illu der Frau* aus dem Jahre 2019

Apropos Frauen: Auch diese können für einen Mann mitunter gefährlich werden. Ich habe einen Bekannten, der in einem Nachtclub von einer Frau mit einem kaputten Sektglas in ein Auge gestochen wurde. Das Auge war nicht mehr zu retten und musste entfernt werden.

Schon 14-jährige Mädchen laufen heutzutage mit einem Messer herum. Gibt man bei Google „Frau sticht zu“ ein, kommen gleich mehrere Millionen Ergebnisse.

SCHNELLE KONTROLLE NACH VORFÄLLEN

Bei Messerverletzungen besteht die Gefahr, dass sie vom Verletzten oftmals nicht gleich bemerkt werden, zum Beispiel, dass man nicht selbst das Messer auf sich zukommen und in den Bauch eindringen sieht oder die blutende Wunde an der Handinnenseite nicht bemerkt.

Es kommt sehr oft vor, dass Verletzte gar nicht registrieren, dass sie verletzt wurden. Dieses Phänomen ist auch schon bei Schusswaffenopfern aufgefallen.

Vom Gestochenen werden die Stiche meist als Schläge oder Stöße wahrgenommen. Im Stress der Auseinandersetzung und aufgeputscht durch das Adrenalin merkt man oft zunächst nichts von der Verletzung.

Ich habe Videos gesehen, in denen Schwerverletzte ihre normale Tätigkeit fortsetzen wollten und plötzlich wegsackten oder wie Türsteher den Messerstecher noch selbst überwältigen konnten oder niederschlugen und erst Sekunden oder gar Minuten später selbst schwer verletzt zu Boden gingen oder starben.

Daher sollten Sie sich, sobald Sie in Sicherheit sind oder der Messerstecher kampfunfähig oder geflüchtet ist, sofort selbst untersuchen und abtasten, ob Sie keine blutende Wunde aufweisen.

Sind dritte Personen zugegen, so bitten Sie diese, Sie genau nach Wunden abzusuchen, wobei dort, wo Kleidung den Körper bedeckt, besonders genau geschaut werden sollte, da es einige Zeit brauchen kann, bis das Blut nach außen dringt. Wichtig ist auch, die Rückseite des Körpers und die Beine abzusuchen.

Achtung! Durch durch Flucht und Bewegung, wie z. B. durch den Kampf mit dem Messerstecher, werden der Großteil der Wunden stärker zu bluten beginnen.

SOFORTMASSNAHMEN

Die Sofortmaßnahmen der Ersten Hilfe hängen davon ab, ob Sie der Verletzte und alleine sind, ob Sie Helfer haben oder ob Sie einem mit einem Messer Verletzten Erste Hilfe leisten.

Ist der Verletzte bei Bewusstsein, muss er so auf den Boden gelegt oder auch gesetzt werden, damit er im Fall einer plötzlichen Ohnmacht nicht stürzt und sich weitere Wunden zuzieht. Das Opfer sollte dabei so wenig wie möglich bewegt werden.

Eine Tasche oder ein Kleidungsstück kann ihm unter den Kopf gelegt werden, damit er es bequemer hat. Wenn es möglich ist, sollte eine Position gesucht werden, in der die Wunde über dem Herzen ist. Die Beine des Verletzten können Sie hochlagern, um einen Kreislaufschock zu verhindern.

Verschaffen Sie sich einen Überblick und versuchen Sie, alle Verletzungen und Wunden zu finden. Achten Sie auf Blutlachen und fragen Sie die verletzte Person, ob sie noch weitere Schmerzen hat!

Wichtig ist, dass ein Messer, das noch in der Wunde steckt, auf keinen Fall herausgezogen werden sollte, sondern durch manuelles Festhalten fixiert oder mit Kompressen und Pflasterstreifen abgepolstert und gesichert werden muss.

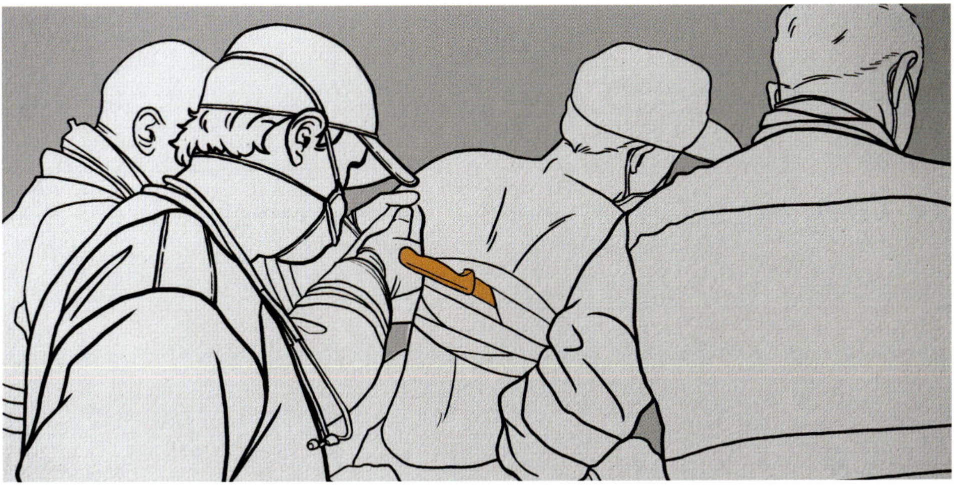

Hamburg im Mai 2020: Das Messer ist in der Wunde verblieben. Kurios ist, wie es dazu kam. Der Mann stand in einer Bäckerei mit dem Messer im Rücken und wollte Donuts kaufen. Da wurde er von anderen Kunden darauf aufmerksam gemacht, dass er ein Messer im Rücken stecken habe. Ihm hatte vorher bei einer Ampel ein fremder Mann auf den Rücken geschlagen, meinte er. Dabei war der Stich lebensgefährlich, da er die Lunge verletzt hatte. Ein Grund dafür, dass er das Messer in seinem Rücken nicht gespürt hatte, könnte sein hoher Adrenalinspiegel gewesen sein. Der Täter, der wahllos zugestochen hatte, konnte später ausgeforscht werden.

ERSTVERSORGUNG DER VERLETZUNG

Wenn das Messer nicht mehr in der Wunde steckt, besteht die Möglichkeit einer lebensbedrohlichen Blutung.

> Wichtig ist es, diese Blutung sofort zu stillen.

Was zu tun ist, richtet sich nach der Schwere der Verletzung. In jedem Fall sollten Sie dabei versuchen, beruhigend auf das Opfer einzuwirken und ihm immer laut zu sagen, was Sie als Nächstes tun.

Sind Sie der Verletzte, bewahren Sie Ruhe und bewegen Sie sich nicht, wenn es nicht unbedingt notwendig ist.

Kleinere Wunden (Schnitte) können ruhig ein bisschen bluten, das reinigt die Wunde.

> Blutet die Wunde stark, müssen Sie versuchen, die Blutung sofort zu stoppen.

Das sollte noch vor Verständigung des Notrufes erfolgen bzw. delegieren Sie diesen. Idealerweise nehmen Sie eine sterile Kompresse – haben Sie nichts zur Hand, können vielleicht andere weiterhelfen: Lokale und Autofahrer haben immer einen Verbandskasten.

Haben Sie keine Verbandsmaterialien, müssen Sie das, was Sie zur Verfügung haben, in Erwägung ziehen, sei es das eigene T-Shirt, ein Geschirrtuch oder auch ein Stein oder Mobiltelefon, um damit einen provisorischen Druckverband anlegen zu können. Sauber wäre gut, aber im Zweifel ist selbst ein schmutziger Lappen besser als nichts!

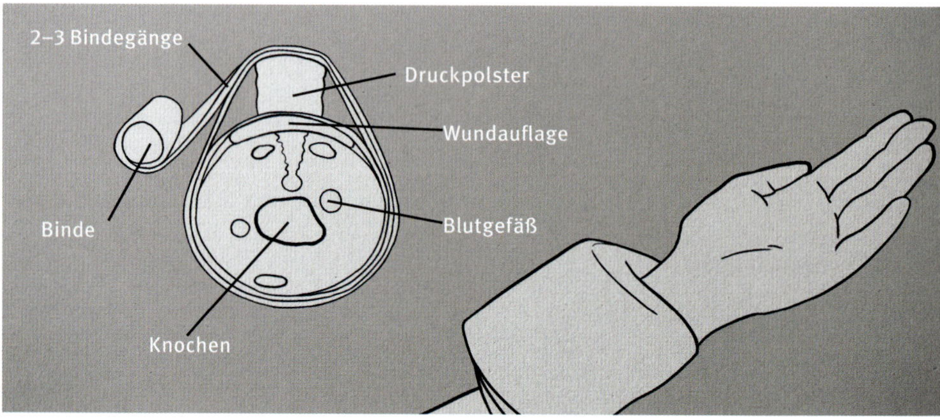

Damit üben Sie Druck auf die Wunde aus, was auch zur Blutgerinnung beiträgt.

Der Druck erfolgt durch eine manuelle Kompression mit den Händen entweder direkt auf die Wunde selbst – beispielsweise am Kopf oder Rumpf – oder durch Zusammendrücken der zuführenden Blutgefäße.

Bei Verletzungen der oberen Extremitäten wäre dies die Arterie im Oberarm, dazu nimmt man den Arm nach oben und drückt die Arterie mit dem Zeige-, Mittel und Ringfinger gegen den Oberarmknochen.

Ist es eine Verletzung im Bereich der unteren Extremitäten, wird das Gefäß in der Leiste komprimiert, dazu eignen sich beide Daumen, die dann von oben in die Leiste gedrückt werden.

Einmal aufgelegtes Material dürfen Sie nicht wieder von der Wunde nehmen, sondern, wenn nötig, pressen Sie einen zweiten Verband darüber, sonst wird die Blutgerinnung wieder unterbrochen.

Drücken Sie so lange weiter auf die Wunde, bis professionelle Hilfe kommt.

Eine Säuberung oder Desinfektion der Wunde ist nicht die Aufgabe eines Ersthelfers! Erstens können dem Opfer sonst erhebliche Schmerzen zugeführt werden und zweitens können die Rettungskräfte oder ein Arzt die Wunde später besser beurteilen.

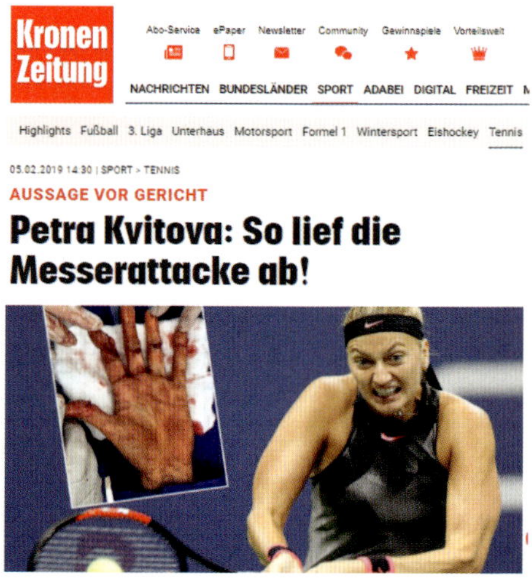
Kronen Zeitung

Abo-Service ePaper Newsletter Community Gewinnspiele Vorteilswelt

NACHRICHTEN BUNDESLÄNDER SPORT ADABEI DIGITAL FREIZEIT

Highlights Fußball 3. Liga Unterhaus Motorsport Formel 1 Wintersport Eishockey Tennis

05.02.2019 14:30 | SPORT > TENNIS

AUSSAGE VOR GERICHT

Petra Kvitova: So lief die Messerattacke ab!

Die Verletzungen von Tennisspielerin Petra Kvitova nach einer Messerabwehr.
Quelle: https://www.krone.at/1857721

Bei einem Securityjob in einem Nachtclub passierte es mir, dass mir bei einer Auseinandersetzung ein Stück des Daumens abgeschlagen wurde. Es blutete sehr stark und ein Teil des Knochens lag frei. Ich war schockiert und orderte sofort beim Kellner ein Geschirrtuch mit Eiswürfeln. Ich war so konfus bzw. darauf trainiert, das den meist verletzten Gästen bei Schwellungen zu besorgen, dass ich selbst dasselbe im ersten Moment für die Wundversorgung benutzen wollte. Ein zufällig anwesender Sanitäter legte mir mit dem Geschirrtuch einen Verband an und rasch ging es mit einem anwesenden Taxi ins Krankenhaus. Wir holten den Erste-Hilfe-Koffer zum Versorgen der Wunde erst gar nicht hervor.

Was ich mit dem Beispiel zeigen will, ist, dass man, wenn man selbst betroffen ist, zunächst falsch reagieren kann. Ich habe selbst schon einige Verbände bei Schnittwunden angelegt und hätte es besser wissen müssen.

Ich habe den Vorfall danach analysiert und vermute, dass der Schock mich so reagieren hat lassen. Es ist eben ein großer Unterschied, ob etwas nur trainiert worden ist oder ob es der Ernstfall ist und ob dann auch noch andere das Opfer sind oder ob ich es selbst bin. Ja und seitdem fehlt mir ein Stück Daumen und ich habe eine Story mehr, die in meinem Buch *Geflasht 2 – Zehn Gebote für Türsteher und Security* nachzulesen ist.

Tourniquet

In eine Notfallausrüstung (z. B. für ein Securityteam, für Sport oder Outdoor ...) gehört meiner Meinung nach auch ein Tourniquet. Beim Abbinden damit wird die Blutversorgung in einem Arm oder Bein durch starken Druck auf die Arterien der Extremität unterbunden. Der Sinn des Abbindens mittels Blutdruckmanschette oder Tourniquet besteht darin, lebensbedrohliche Blutungen und den damit einhergehenden hämorrhagischen Schock (dabei fällt das zirkulierende Blutvolumen unter einen kritischen Wert, sodass die Blutversorgung der Organe nicht mehr gewährleistet ist) zu verhindern. Es kommt daher nur zum Einsatz, wenn mit einem Druckverband oder durch manuelle Kompression keine ausreichende Blutstillung zu erreichen ist.

Der sofortige Einsatz ist angezeigt bei lebensgefährlichen Blutungen bzw. mehrfacher Verletzung der Extremität, Nichterreichbarkeit der Blutungsquelle oder einem Massenanfall von Verletzten.

Der Druck soll gleichmäßig um die Extremität herum auf die Haut und das darunterliegende Gewebe ausgeübt werden. Eine einmal abgebundene Extremität ist aufgrund der Gefahr von Thrombenbildungen nur noch vom Arzt zu öffnen. Der Zeitpunkt der Abbindung ist festzuhalten und kann oberhalb der Abbindung auf die Extremität geschrieben werden bzw. gibt es meist ein Schreibfeld dafür auf dem Tourniquet.

Ein Risiko ist, dass durch zu lang andauerndes Abbinden die Extremität abstirbt und dann amputiert werden muss. Dieses Risiko ist jedoch bei dem zu erwartenden Nutzen im Rahmen einer lebensbedrohlichen Blutung zu vernachlässigen. Abbindezeiten bis zu 3 Stunden werden z. B. im Rahmen von geplanten Knieoperationen in OP-Sälen regelmäßig durchgeführt, um den Blutverlust während einer OP möglichst gering zu halten (Blutsperre).

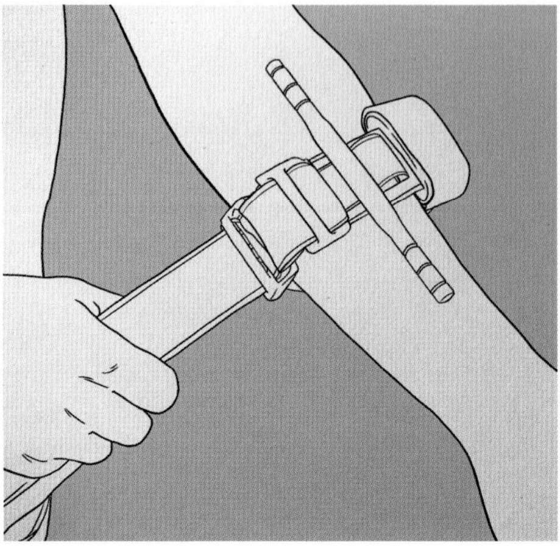

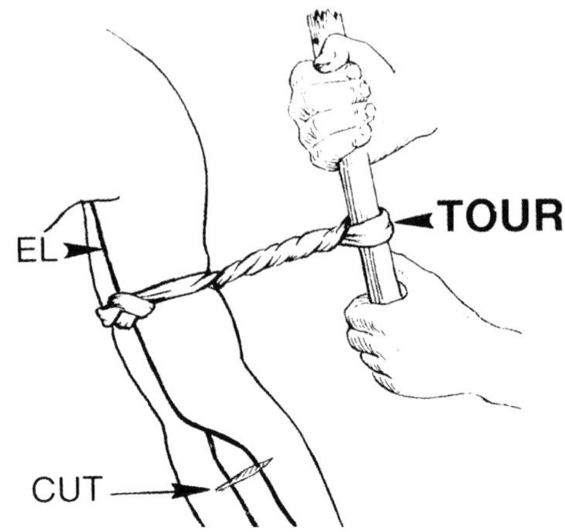

Ein im Handel erhältliches Tourniquet und ein improvisiertes.
Rechts: © Wikimedia Commons/Pearson Scott Foresman

Erfahrungen aus der Gefäßchirurgie zeigen, dass Extremitäten sogar bis zu 6 Stunden ohne Blutversorgung überleben können. Erst nach 6 Stunden ohne Blutversorgung wird eine Amputation als unausweichlich angesehen. Weitere Risiken sind Nervenschäden bei Nutzung unsachgemäßer schmaler Abbindemittel, wie Draht oder Schnur. Zu schwacher Druck beim Abbinden kann zum venösen Blutstau führen und die Blutung sogar verstärken.

Das Abbinden mittels Tourniquet sollte aber auch öfters vorher geübt werden.

BESONDERS GEFÄHRDETE KÖRPERSTELLEN

1. Der Halsbereich ist wohl bei Angriffen mit Messern der gefährlichste Bereich. Hier verlaufen die großen Hals- und Kopfarterien und die große Drosselvene, die dazu noch sehr knapp unter der Hautoberfläche liegt. Deshalb muss ein Halsstich aber nicht automatisch tödlich sein. Ich kenne einige Fälle, bei denen am Hals Verletzte überlebt haben.
2. Besonders Lungen- und Herzstiche können in kürzester Zeit zum Tode führen. Vor allem durch Öffnen des Brustkorbes (Torax) oder durch einen Stich direkt in den Herzbeutel kommt es zum schnellen Tod, falls keine sofortige Notoperation durchgeführt werden kann.
3. Das Aufschneiden der Pulsadern (auch bei Selbstmordversuchen) oder der Oberarmarterien kann zu starkem Blutverlust bis hin zum Tod führen.
4. Bei Bauchstichen wird häufig die Bauchhöhle geöffnet und tiefsitzende Blutgefäße können dabei verletzt werden. Das Gefährliche bei Stichverletzungen im Bauchbereich ist, dass an der Oberfläche oft nur kleine Wunden zu sehen sind, die aber oft sehr tief reichen können, nach außen hin aber kaum bluten. Eine sofortige ärzt-

liche Versorgung, meist mit Öffnen des Bauchraumes, um innere Blutungen zu entdecken, ist überlebenswichtig. Der Großteil aller Verletzungen, bei denen ich in meinem Leben dabei war, waren Bauchstiche. Nach Aufarbeitung meines Archives und meiner Schätzung nach machen sie auch die Hauptverletzungen bei Stichwaffenattacken aus.

5. Bei den unteren Extremitäten sind besonders die Innenseiten der Oberschenkel durch ihre nah an der Hautoberfläche liegenden großen Oberschenkel-Arterien gefährdet, da sie durch ihre Lage nicht vom Oberschenkelknochen geschützt werden. Bei Treffern in diesem sensiblen Bereich ist großer Blutverlust die Folge, der kaum zu verhindern ist. Nur der Eingriff durch den Notarzt kann Schlimmeres verhindern.

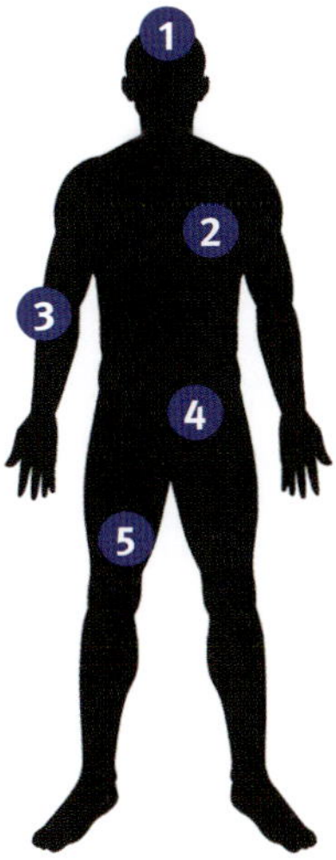

Körperstellen, an denen eine Verletzung tödlich enden kann.

ZEITSPANNE BIS ZUM EINTRITT DES TODES

Es gibt verschiedenste „Todestabellen“, die von Experten aus Medizin und des Messerkampfes zum Thema Messerverletzungen veröffentlicht worden sind. Sie zeigen die Zeit, bis bei Nichtversorgung der Tod eintritt. Es sind Durchschnittswerte der Zeitspanne vom Schockzustand bis zum Tod durch Verbluten, wobei natürlich die Größe oder Tiefe der Wunde, aber auch die Aktivität (Kämpfen, Laufen, Ruhigverhalten ...) des Opfers eine Rolle spielen.[17]

Halsschlagader	2–20 Minuten
Schulterschlagader	2–20 Minuten
Oberarmarterie	5–60 Minuten
Pulsader	5–60 Minuten
Oberschenkelarterie	5–60 Minuten
Bauchschlagader	1–2 Minuten
Herz	1–2 Minuten

Die genannten Zeiten sind natürlich grobe Anhaltspunkte und sollten nicht auf die Waagschale gelegt werden. Es gibt, wie schon erwähnt, verschiedenste Faktoren, die eine Rolle bzgl. des Überlebens spielen, wobei der wichtigste die Erste Hilfe danach ist, wie professionell diese abläuft und wie rasch der Verletzte ins Krankenhaus gebracht wird. Oft genügt ein einziger Stich oder Schnitt und man ist ohnmächtig oder tot, aber genauso gut kann man mehrfach gestochen und geschnitten worden sein und man schafft es trotzdem, den Messerangreifer erfolgreich zu bekämpfen oder zu flüchten und zu überleben.

Ich kenne da ein Video aus England, in dem der Täter einen einzigen geraden Stich zum Herz des Opfers tätigte. Dieser

17 Quelle: http://www.realfighting.com/unconsciousness_and_death.php

ging daraufhin vier Schritte rückwärts, sah an sich runter auf die Stelle, wo das Messer eingedrungen war, fiel wie ein Brett um und blieb tot liegen. Vom Stich bis zum Sturz waren 10 Sekunden vergangen. Das Opfer hätte sofort, als der Täter auf ihn zustürmte, die Hände nach vorne bringen müssen.

So hätte er eventuell zunächst Stiche oder Schnitte mit diesen abfangen können und wäre eventuell schwer verletzt, aber lebend davongekommen.

DER ÜBERLEBENSWILLE

Wovon es meiner Meinung nach aber auch im Wesentlichen abhängt, eine schwere Verletzung zu überleben, ist der Überlebenswille und das Wissen, wie ich überleben kann.

Wie schwer auch immer der Schock und die Verletzung von einem selbst eingeschätzt werden (Gedanke „Jetzt muss ich sterben"), zeigen die Erlebnisse von Personen, die mit so schweren Verletzungen überlebt haben, dass jeder Mediziner das als fast unmöglich erklärt hätte.

Ganz vorne dabei ist der Bergsteiger Aron Ralston, dessen Schicksal im Film *127 Hours* verfilmt wurde. Ralston war 2003 mehr als fünf Tage mit seiner rechten Hand zwischen Steinen eingeklemmt. Er durchkletterte damals eine Spalte in der Nähe des Canyonlands-Nationalparks in Utah. Dabei hielt er sich an einem Felsbrocken fest, der sich daraufhin löste und nach einem kurzen Fall seinen rechten Arm an einer Felswand einklemmte. Da es ihm nicht gelang, den Stein zu bewegen, versuchte er vergeblich, diesen mit seinem Taschenmesser zu zerkleinern, was nicht gelang. In der Nacht fielen die Temperaturen auf bis zu 6 °C.

Nach einem Tag stellte er fest, dass seine Hand mangels Blutzirkulation bereits abgestorben war. Daraufhin versuchte er mit seinem Taschenmesser, den Arm zu amputieren. Dies gelang ihm jedoch nicht, da das Messer schon zu stumpf war, um den Knochen zu durchtrennen.

Nach fünf schlaflosen Tagen und Nächten, unterkühlt und fast verdurstet, machte sich Ralston die Hebelwirkung des Steins zunutze und brach sich Elle und Speiche. Anschließend durchtrennte er mit der Säge seines Multifunktionswerkzeugs das Gewebe und amputierte seinen Arm. Er seilte sich 20 Meter ab, bevor er schließlich nach einem Fußmarsch von 17 Kilometern von anderen Wanderern gefunden und per Hubschrauber gerettet werden konnte. Ralston überlebte und ist heute wieder als Bergsteiger mit einer Handprothese unterwegs.

Im Juni 2019 entging ein Farmer aus Nebraska womöglich dem Tod, indem er sein eigenes Bein amputierte. Der 63-Jährige Kurt Kaser aus Nebraska hatte einen extrem tragischen Arbeitsunfall. Er geriet mit einem Fuß in eine Förderschnecke. Die schwere Maschine zog Kaser immer weiter in den Trichter hinein. „Ich war mir sicher, dass ich ohnmächtig werde", sagte er NBC-News, „aber irgendetwas sagte mir, dass ich durchhalten muss." Andernfalls hätte der Vorfall womöglich tödlich enden können: Er war allein, seine Familie war noch stundenlang unterwegs und Hilfe nicht in Sicht – während die Maschine sein Bein immer weiter zerfleischte. Rund fünf Minuten dauerte die Tortur.

Nach einem gescheiterten Befreiungsversuch griff Kaser zu seinem Taschenmesser, das er bei sich getragen hatte – und amputierte sein eigenes Bein. „Ich konnte fühlen, wie ich Nerven durchtrennte", zitierte ihn NBC-News. „Schließlich konnte ich mich lösen und zu meinem Haus kriechen." Dort angekommen, wählte er den Notruf und wurde in ein Krankenhaus eingeliefert.

Aber auch in Österreich gab es einen ähnlichen Vorfall im Mai 2013.

Der 37-jährige ungarische Arbeiter Tibor A. befand sich zum Zeitpunkt des Unfalls allein auf einem Betriebsgelände in Purbach im Burgenland und war damit beschäftigt, mit Hilfe eines Rüttelsiebs Bauschutt zu zerkleinern und zu sortieren. Ein größerer Stein blockierte plötzlich die Maschine, weshalb Tibor A. versuchte, die Blockade mit Hilfe einer Eisenstange zu lösen. Als sich das Band ruckartig wieder in Bewegung setzte, erfasste eine Förderlamelle seinen rechten Arm und zog ihn in die Maschine, wobei der Unterarm am Ellbogen glatt abriss.

Der Arbeiter konnte die Maschine noch abstellen, lief zu seinem Auto, dann wieder zurück zur Maschine. Er fand den abgetrennten Unterarm im staubigen Schutt, packte ihn in seinen Pullover und deponierte ihn im Kofferraum. Wie er es schaffte, sein Auto allein mit dem linken Arm 20 Kilometer weit zum nächsten Spital in Eisenstadt und dort in die Tiefgarage zu lenken, erscheint ebenso rätselhaft wie sein unaufgeregter Auftritt an der Rezeption: Er legte den staub- und blutverschmierten Unterarm auf das Pult und bat, man möge ihm diesen wieder annähen.

Für Laien ist es unverständlich, wie ein Mensch mit einer derart schweren, potenziell lebensgefährlichen Verletzung noch Auto fahren und einen klaren Gedanken fassen kann; dass er, statt vor Schmerz zu schreien oder in Ohnmacht zu fallen, cool bleibt und genau das Richtige tut, um den Arm und sich zu retten. Verantwortlich dafür ist nicht der Schock, wie vielfach berichtet wurde, sondern ein Überlebensprogramm, das die Natur für den Fall massiver, lebensbedrohlicher Verletzungen bereithält. Viele Patienten berichten oft nach schweren Körperverletzungen, sie hätten dabei kaum Schmerzen verspürt.

Der Grund dafür ist die sofortige massive Ausschüttung von Stresshormonen und psychotropen Substanzen im Gehirn, die einerseits den Pulsschlag erhöhen, andererseits das Schmerzempfinden herabsetzen: ein Selbsthilfemechanismus, der garantiert, dass der Patient noch reaktionsfähig bleibt. In dieser Situation fährt der Organismus die Durchblutung peripherer Körperregionen zugunsten von Herz und Hirn zurück. Bei dieser so genannten Zentralisierung versorgt der Körper primär lebenswichtige Organe, erklärt Michael Blauth, Direktor der Innsbrucker Universitätsklinik für Unfallchirurgie.

Die Stressreaktion stoppt sogar die Blutung, weil sich die peripheren Gefäße zusammenziehen und an der Verletzungsstelle von selbst verschließen. Das geschieht, indem sich die innerste Schicht der Arterie, die Intima, an der Schnitt- oder Abrissstelle einkringelt und so den Blutfluss stoppt. Zusätzlich bildet sich lokal ein Blutgerinnsel, das die Blutung verhindert. Die Wunde blutet dann nur noch geringfügig aus den verletzten Venen, die keinen derartigen Schließme-

chanismus kennen. Es ist oft erstaunlich, wie wenig solche Amputationsverletzungen bluten, sagt Blauth. Ohne diesen Selbstschutz würde der Patient verbluten. Aber eine derartige Gefahr bestand bei Tibor A. in keiner Phase. Im Wiener AKH wurde Tibor A. bei einer komplizierten Operation sein Arm wieder angenäht, er musste aber später wieder wegen Komplikationen abgenommen werden.[18]

An ein Wunder grenzt das Überleben einer 16-jährigen Wienerin am 27. Februar 2020. Der 17-jährige Ex-Freund der Schülerin versetzte ihr mit einer 8 cm langen Klinge mehr als 50 Messerstiche, wovon 18 in den Kopfbereich und 15 ins Gesicht gingen. Unter anderem stach der Täter dem Mädchen das rechte Auge aus. Die Klinge drang vom Augapfel bis zur Schädelhöhle und bewirkte dort noch Knochenabsplitterungen. Das Mädchen verständigte noch selbst den Notruf. Beim Eintreffen im Spital wurde ihr Zustand von den Ärzten als „lebensbedrohlich, nicht aussichtsreich" beschrieben. Die Ärzte mussten die Klinge des Messers aus dem Schädel des Mädchens operativ entfernen. Sie war steckengeblieben und musste ausgefräst werden. Die Wucht, mit der der Angreifer gegen den Kopf der 16-Jährigen vorgegangen war, hatte auch das Schädeldach eingedrückt. Der Täter wurde später zu zehn Jahren Haft verurteilt.

Ein anderes Erlebnis stammt aus meiner Securitylaufbahn aus dem Jahre 1998. Wolfi, es war sein erster Dienst überhaupt als Security, und ich wurden zu einem Einsatz ins Innere einer Großraumdiskothek gerufen. Es gab eine böse Schlägerei, wo wir die Raufenden trennten. Plötzlich sah ich, dass das Uniformhemd von Wolfi voller Blut war, ich dachte schon, er wäre verletzt. Da merkte ich aber, dass der eine Raufer, den ich fixiert (von hinten beide Arme umklammernd) hatte, eine böse Wunde am Hals hatte, die wie verrückt blutete. Ich sprach sofort beruhigend und deeskalierend auf ihn ein. „Geben Sie Ruhe, Sie brauchen die Rettung!". Er aber schrie: „Lasst mich in Ruhe, ich brauch keine Rettung, lass mich gehen!". Er beruhigte sich dann aber und ich drückte ihm ein Geschirrtuch an die Seite des Halses, wo das Blut rauspulsierte. Ich vermutete, dass eine Arterie verletzt war. Der Mann, der auch schwer betrunken zu sein schien, schrie noch immer „Ich brauch keine Rettung!". Die wurde aber von mir schon über Funk angefordert. Ich leistete später mit einem weiteren Kollegen, der auch Rettungssanitär war, weiter Erste Hilfe, indem wir mit weiterem Verbandsmaterial auf das mit Blut getränkte Geschirrtuch und auf die Wunde drückten. Die Rettung war schnell zur Stelle und nahm den Verletzten mit.

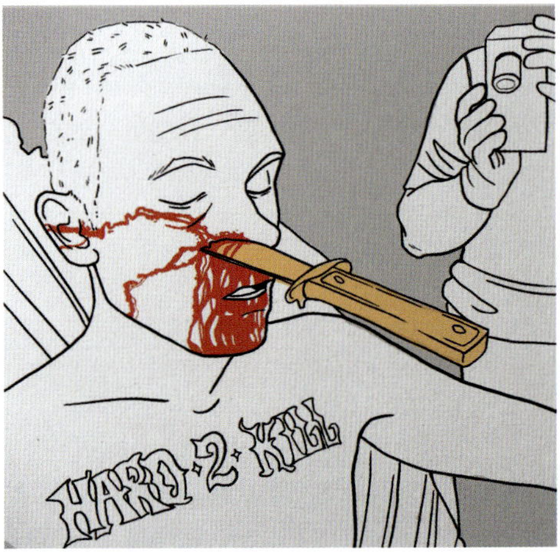

Opfer einer rivalisierenden Gang in den vereinigten Staaten.

18 Quelle: https://www.profil.at/home/tibor-a-wie-arm-358458

Ich versuchte später, den Hergang des Vorfalls zu eruieren, da ich ja eine Sachverhaltsdarstellung darüber verfassen musste. Entweder war er mit einer abgeschlagenen Flasche gestochen worden, so das Opfer, oder er hatte sich am Boden bei einer dort liegenden Scherbe verletzt, weil er im Zuge des Raufhandels dort auch gelandet war. Ich nahm Zweiteres an und vermerkte das in meinem Bericht. Von Wolfi dachte ich, dass er nach diesem blutigen Erlebnis wohl genug von einer Karriere als Security hatte. Aber genau das Gegenteil war der Fall, er wurde später Chef einer der größten Sicherheitsfirmen von Österreich.

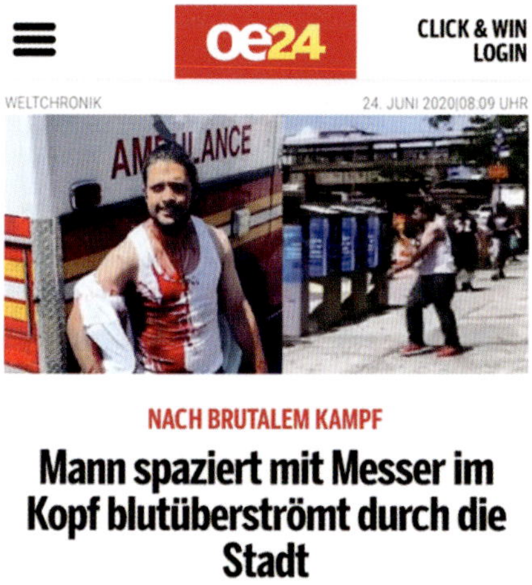
oe24 CLICK & WIN LOGIN

WELTCHRONIK 24. JUNI 2020|08:09 UHR

NACH BRUTALEM KAMPF

Mann spaziert mit Messer im Kopf blutüberströmt durch die Stadt

Ein 36-jährige Amerikaner wollte einer fremden Frau zu Hilfe kommen, die auf den Straßen Harlems von mehreren Männern attackiert und beraubt worden war. Einer der Räuber zückte daraufhin ein großes Küchenmesser und ging auf den jungen Mann los. Er stach mehrmals mit dem Messer auf seinen Oberkörper und schließlich auf seinen Kopf ein. Die junge Frau konnte flüchten. Diese Gefahr besteht, wenn Sie Nothilfe leisten wollen, dass Sie selbst verletzt oder gar getötet werden. Daher beherzigen Sie immer die Ratschläge aus diesem Buch und verwenden Sie, wenn möglich, Hilfsmittel oder beobachten Sie einfach nur und geben Sie der Polizei per Mobiltelefon laufend Hinweise über die Täter (Täterbeschreibung, Fluchtweg, Fluchtfahrzeug u. a.).

Quelle: oe24, 24. Juni 2020, https://www.oe24.at/welt/weltchronik/mann-spaziert-mit-messer-im-kopf-blutueberstroemt-durch-die-stadt/435015697

GRUNDLEGENDES ZUM TRAINING

„Fürchte nicht den Gegner, welcher Tausende Techniken trainiert hat. Fürchte den Gegner, welcher eine Technik Tausende Male trainiert hat!“ (Bruce Lee)

TRAINING VS. REALITÄT

Wowwwww! – Beachtlich was „Messerguru XYZ“ da so bei seinen Videos zeigt. Mindestens zehnmal sticht er da in wenigen Sekunden auf die Person oder den 0,5 cm dicken Karton ihm gegenüber ein. Natürlich sticht er nicht wirklich einen Menschen, sondern er hat ein Plastikmesser, beim Karton verwendet er aber ein echtes. Natürlich kann man beim Training mit lebenden Personen kein echtes Messer verwenden, aber was die Realität verfälscht, ist, dass die Klinge keinen Zentimeter in den Körper eindringt.

Die Eindringtiefe ist das, was in der Realität oft dem Messerkampf eine andere Wendung gibt. Dringt so eine Klinge mehrere Zentimeter (10–20 oder mehr) ein, so kann es sein, dass das Messer verklemmt rausgezogen werden muss, weil das Opfer sich bewegt hat. Kleidung behindert ebenso das rasche Gerade-Herausziehen oder die Parierstange hat sich darin verfangen. Auch kann die Klinge nach einem extrem festen Stich in einem Knochen steckenbleiben oder sogar abbrechen.

Das erwähne ich nur, um zu zeigen, dass es in der Realität oft anders kommt, als es trainiert wird. Natürlich kann man, wie oben erwähnt, nicht mit echten Messern trainieren und muss einen Messerersatz nehmen, der den Trainingspartner nicht verletzen kann. Ich habe zum Beispiel einmal an einem Stück aufgehängten Schwein mit Haut, Speckschicht und Knochen, worüber Kleidung gehangen hat, trainiert, um zu sehen, wie sich ein Messer verhält, wenn es auf Widerstand trifft. Das ist bzw. war natürlich auch eine finanzielle Frage, ob ich es mir leisten möchte, mir ein halbes Schwein zu kaufen, nur um es bei einem Seminar zu bearbeiten. Aber unsere Hunde waren danach auch gut versorgt.

Ach ja, die Schweinehaut ist der menschlichen am ähnlichsten. Deswegen üben auch angehende Tätowierer zunächst auf solcher. Die mit Kleidung bedeckte Haut zu schneiden, war übrigens gar nicht so einfach (das hing natürlich auch vom Messer ab), und bis zur Haut darunter durchzudringen, war bei zwei Schichten Kleidung durch einen schnellen Schnitt schon kaum möglich!

MITEINANDER UND NICHT GEGENEINANDER

Das Wichtigste beim Training ist, dass Sie miteinander trainieren und nicht gegeneinander.

Das heißt, Sie sollten es tunlichst unterlassen, dem Partner nonstop zeigen zu wollen, wie gut Sie sind. Ich habe da leider schon einiges Negative beim Training erlebt und hasse diese Angeber, die laufend den großen „Ich-bin-besser-als-du" raushängen lassen. Am Ende sollte es einen Lerneffekt für beide geben und schon gar nicht sollte jemand das Training verletzt verlassen.

Man sollte auch bedenken, dass der Angreifer in der Realität fast nie mit konsequenter Gegenwehr rechnet, denn sonst würde er wahrscheinlich auch von Beginn weg anders vorgehen und seinem Gegenüber keine Chance lassen. Man wurde schließlich als Opfer auserwählt.

FAKTOR ADRENALINAUSSTOSS

Man muss aber bedenken, dass die Art des Trainings über den Erfolg bei einer Verteidigungssituation entscheidend sein kann. Was aber auch zu bedenken ist, ist der Faktor Adrenalinausstoß, der in einer Trainingssituation kaum eintritt, im Ernstfall dagegen vieles anders aussehen lässt.

Ein Beispiel aus meiner letzten Auseinandersetzung bei einem Securityjob. Hardcore-Fußballfans verschiedener Clubs gerieten sich in die Haare. Ich wollte einen, den ich in einem speziellen Transportwürger („rear naked joke", ich drücke dabei mit einem Unterarm vorne gegen den Hals und mit dem anderen Unterarm gegen den Hinterkopf) hatte, aus dem Lokal bringen. Dabei wurden wir aber beide durch andere zu Boden gebracht. Ich war rasch wieder auf den Beinen, mein Kontrahent kniete dort noch.

In dem Moment fiel mir auf, dass ich, wenn ich er wäre, mir in seiner Situation in die Hoden schlagen würde. Und genau das machte der gute Mann, es folgte ein sehr fester Faustschlag in meinen Schritt. Ich empfand aber nur einen leichten Schmerz, nahm den Hooligan daraufhin in einen weiteren Griff und verfrachtete ihn nach draußen. Hätte ich diesen wuchtigen Faustschlag bei einer Trainingseinheit bekommen, wäre ich sicher in die Knie gegangen und außer Gefecht gewesen. So aber nützten mir das Adrenalin und das Wissen übers Kämpfen und die Techniken dabei.

REALITÄTSNAHES TRAINING

Das Training sollte, wie erwähnt, realitätsnah vor sich gehen, aber man sollte nicht sofort mit voller Kraft loslegen, sondern erst alle Techniken mehrere Male locker und konzentriert einstudieren und üben. Sitzt die Technik, so üben Sie sie schnell.

Später sollten einige Stressfaktoren, wie erhöhter Pulsschlag, eingebaut werden. Also Sie machen schnell 10 Stück Kniebeugen oder Liegestütz und werden, sobald Sie fertig sind, attackiert. Sie selbst stehen mit dem Rücken zum Angreifer, drehen sich um und werden aus verschiedenen Positionen attackiert. Sie müssen also schnell auf die Gegebenheit, von wo und wie der Angriff kommt, reagieren.

Es sollte auch in engen Räumen (bzw. simulierten engen Räumen) trainiert werden, wie Treppenhaus, Aufzug, Autoparkplatz, Toilette ...

Apropos Toilette, ich wurde einmal am Klo, mit heruntergezogener Hose attackiert. Ja, ich weiß, mir passieren immer Sachen! Aber in über 35 Jahren im Dienste der Sicherheit kommt schon einiges zusammen. Also, ich arbeitete da als Türsteher in besagter „Stressdisco“ – pro Wochenende gab's dort mindestens einen Polizei- und einen Rettungseinsatz – und saß gerade am Thron. Plötzlich ging die Tür auf – sie war von draußen mit einer Münze zu öffnen – und ein ewiger Stressfaktor stand vor mir und lallte irgendwas wie „Jetzt hab ich dich!“. Falsch gedacht hatte er, denn

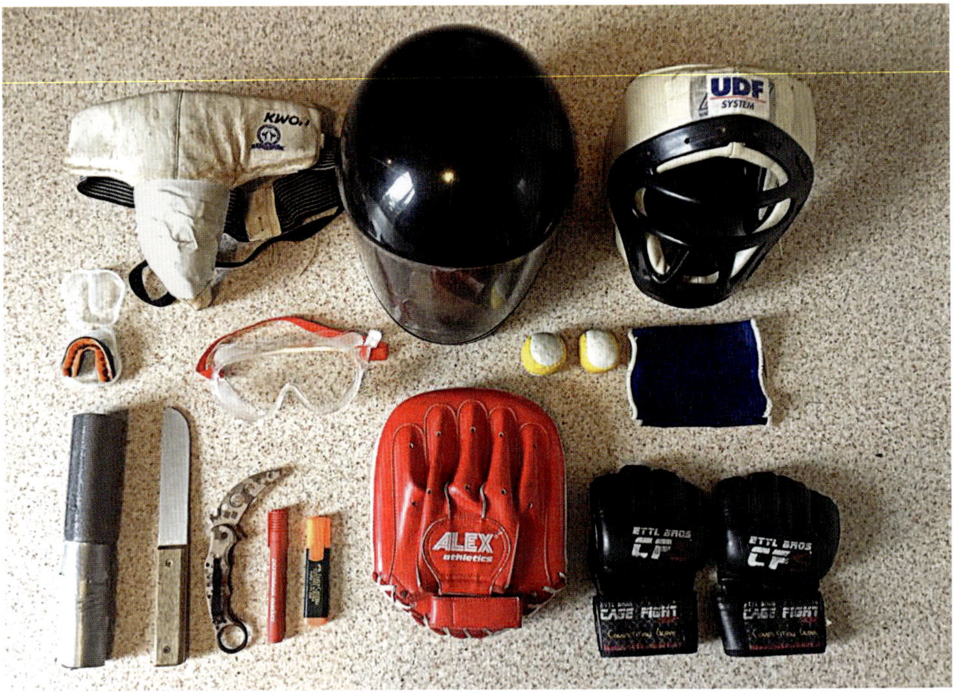

Das richtige Trainingsequipment: Trainingsmesser, Markierungsstifte, Helm, Augenschutz, Wurfgeschosse, Tiefschutz, Unterarmschutz, Zahnschutz, Schlagpratze, Handschuhe

ich ging noch mit heruntergezogenen Hosen gleich zum Gegenangriff über und brachte ihn schnell unter Kontrolle. Man sollte in so einer Situation die richtigen Prioritäten setzen, denn ich selbst hatte auch schon Personen unter Kontrolle gebracht, die ebenso gerade auf dem Thron gesessen hatten bzw. beim Pinkeln gewesen waren und deren erste Tat es war, sich ihrer heruntergelassenen Hose oder ihrem Spatzi zu widmen.

Sie sollten die Techniken auch mit der schwächeren Hand üben, sei es, dass Ihre Haupthand verletzt ist oder die Attacke von Ihrer schwachen Seite kommt.

Eine Variante wäre auch, dass jemand die starke Hand festhält und Sie zunächst nur eine Hand frei haben. In diesem Fall sind also zwei Angreifer im Spiel.

Ich weiß, man hat oft kaum gegen einen Angreifer mit einem Messer eine Chance, was hat man da schon gegen zwei für eine Chance? Aber denken Sie an meine Frage zu Beginn des Buches: „Soll ich mich jetzt, weil ich glaube, ich hätte keine Chance, abstechen lassen?“ Eine gute Übung, finde ich, ist es, wenn sich das „Opfer“ einige Zeit im Kreis dreht und dann auf eine plötzliche Attacke reagieren muss. Das Schwindelgefühl ist einem Treffer (Stich) nachempfunden und Sie sollten so rasch wie möglich Stabilität und Orientierung des Körpers zurückbekommen.

Das Training sollte auch bei schwachen Lichtverhältnissen vonstattengehen bzw. auch die Bodenverhältnisse sollten wechseln.

Weiters empfiehlt es sich, mit glitschigen Händen zu trainieren.

Sei es, weil die Attacke im Regen passieren könnte oder Sie selbst die Hände voller Blut haben. Dies kann das Ergreifen der Messerhand des Gegners sehr beeinträchtigen. Als Blutersatz eignet sich Hautcreme oder noch besser Theaterblut.

Bei festen energischen (Berseker-) Angriffen, also der Trainingspartner will Sie richtig fest mehrmals stechen oder über das Gesicht schneiden und wirft sein ganzes Gewicht in den Angriff, müssen Sie unbedingt eine Gesichtsbrille, welche auch seitlich geschlossen sein sollte, tragen und auch das Messerimitat sollte aus Schaumstoff (Rohrschutz) sein. Beides gibt es für wenig Geld im Baumarkt.

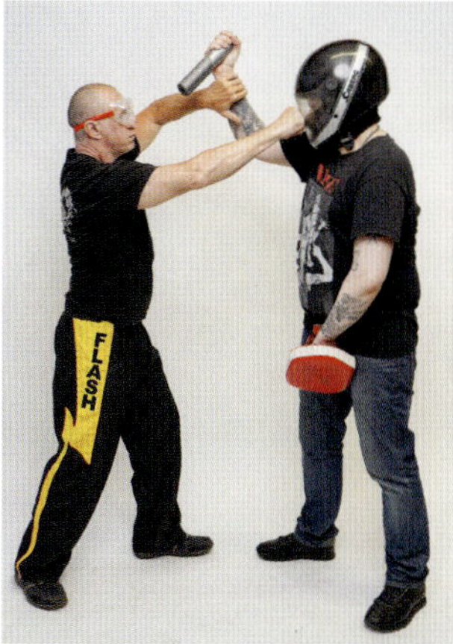

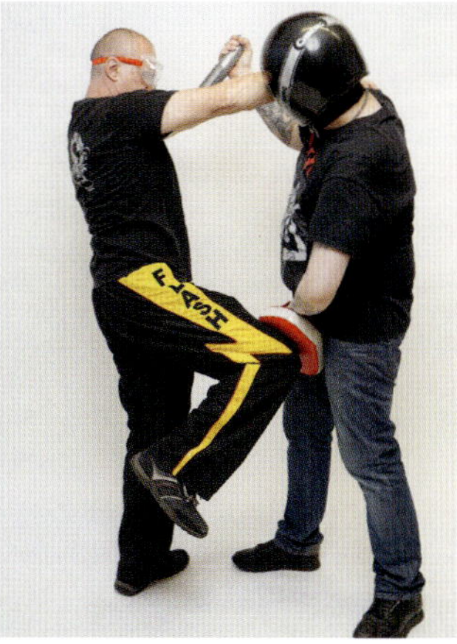

Üben Sie die Verteidigung mit Faustschlägen, Handballen, Ellbogen und Kopfstößen, so sollte auch der Angreifer einen guten Schutzhelm tragen, der vorne geschlossen ist. Am besten bewährt hat sich dafür ein Motorradhelm mit Visier. Dieser schützt nämlich gut vor stärkeren Ellbogen und FaustStößen. Ja, ein bisschen muss der Trainingspartner schon einstecken können.
Beide Fotos: © Ernst Angerbauer

Ideal ist es nicht nur, wenn der Messerangreifer einen Helm trägt, sondern auch, wenn er einen guten Tiefschutz, Schienbein- und Knieschutz trägt. So kann der Verteidiger richtig zulangen und realitätsnah üben.

Es kann auch empfehlenswert sein, dicke Handschuhe (Messermann) zu tragen, wenn mit Hilfsmitteln trainiert und die Hand, die das Messer führt, angegriffen wird. Fingersehnen sind sehr empfindlich und können verletzt werden, wenn es da einen Schlag mit einem Regenschirmknauf oder mit einem Stock darauf gibt.

Mit Farbmarker können Sie Schnitte und Stiche am Verteidiger farblich sichtbar machen. Dazu trägt dieser am besten auch ein weißes Shirt oder helle Kleidung.

Um das richtige Werfen von Alltagsgegenständen am beweglichen Ziel zu üben, empfehle ich Tischtennisbälle. Damit habe ich es zumindest bis zur Perfektion gebracht. Man kann so auch ideal die Distanz einschätzen, wenn der Gegner sich bewegt.

Wirft man z. B. Münzen, so habe ich dafür meist ein auf eine Styroporplatte aufgemaltes Gesicht als Ziel genommen. Hier kann man sehr gut die Treffer und teils auch ihre Wirkung sehen, wenn z. B. eine Münze im Auge steckenbleibt oder dort trifft.

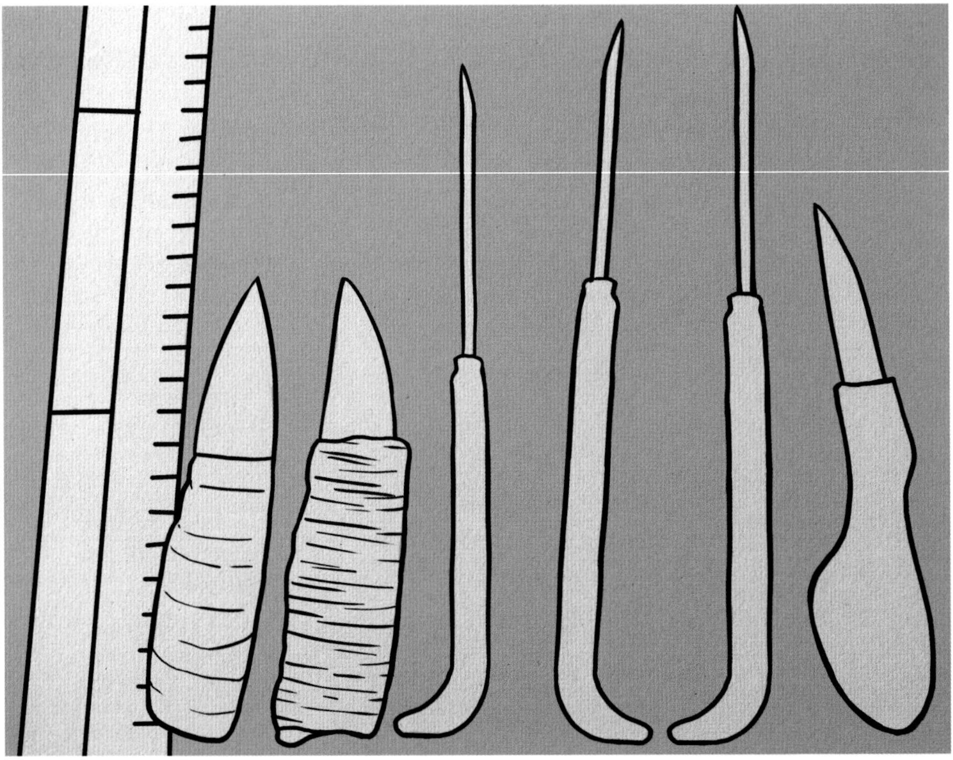

„Selbstgebastelte“ Waffen aus einem Gefängnis.

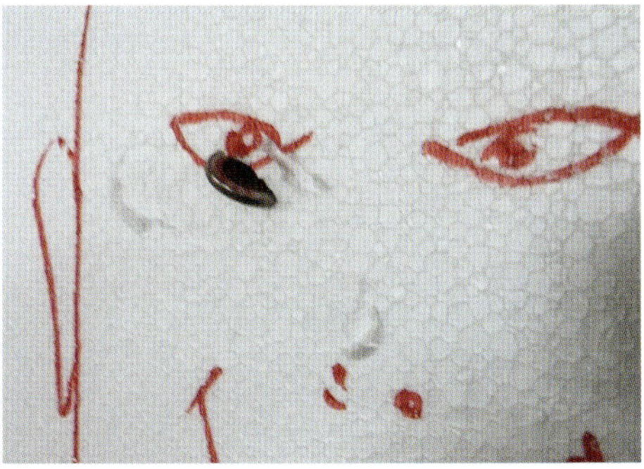

Von vier geworfenen Münzen aus 2–3 Metern Entfernung gabs zwei ideale Treffer von mir im Auge. Auf so eine Styroporplatte zu werfen, ist ideal, da man anhand der hinterlassenen Spuren deutlich sieht, wie man getroffen hat.

Was Training betrifft, so möchte ich erwähnen, dass nicht nur die Braven den Messerkampf aus der Sicht der Abwehr trainieren.

Ich kenne Videos aus amerikanischen Gefängnishöfen, wo man sieht, wie die Häftlinge trainieren, wie sie ihr Gegenüber am besten abstechen. Ich kenne aber auch Überwachungsvideos aus Gefängnissen, wo echte Kämpfe mit Stichwaffen ausgetragen werden.

Aber natürlich trainieren nicht nur in Amerika die Häftlinge.

Weltweit bereiten sich da einige mit Training darauf vor, Attacken drinnen oder später draußen zu begehen oder zu überleben.

Es gibt aber nicht nur in den Gefängnissen dafür eigene Kreationen; entweder werden Butterstreichmesser oder Metall scharf und spitz geschliffen oder Holz, Stein, Glas, Plastik (Zahnbürste, Kleiderbügel, Trinkbecher, Kämme, Spiegel ...) zu einer Waffe verarbeitet.

Das sind Beispiele für improvisierte Waffen aus dem Gefängnis, welche aber auch von gewissen Kreisen (Bewohner von gewissen Vierteln, Drogensüchtige ...), die sich kein Messer leisten können, im Alltag gebaut und auch verwendet werden können. Ich erlebte da auch mal einen Angriff von einem Dealer mit einem langen Zimmermannsnagel auf einen anderen Dealer. Und einmal wollte eine Frau bei einem Streit mit einer anderen Frau diese mit einer Nagelfeile stechen.

Eine sehr oft auch schnell improvisierte Stich-Schnitt-Waffe ist eine abgeschlagene Flasche oder ein Glas. Daher sollten Sie unbedingt immer vorsichtig sein, wenn Sie mit Ihrem Gegenüber, der Derartiges in der Hand hat, Stress haben.

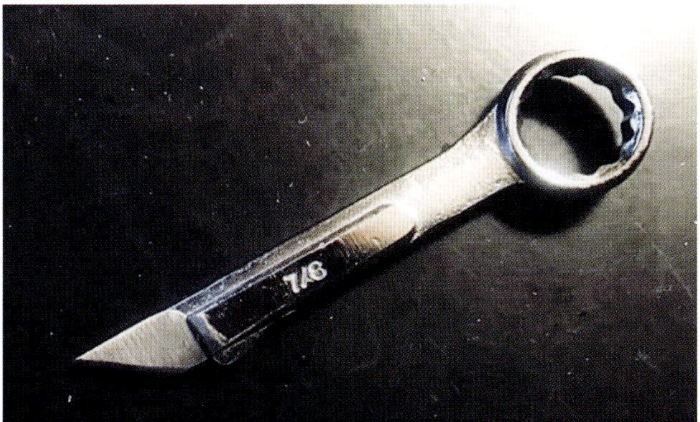

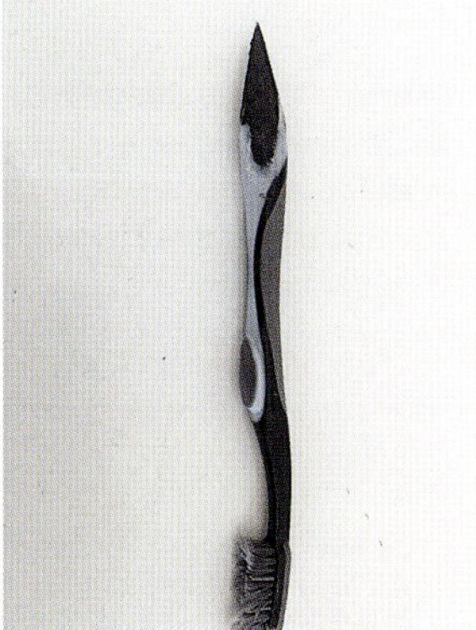

Schnitt- und Stichbehelfe Marke Eigenbau

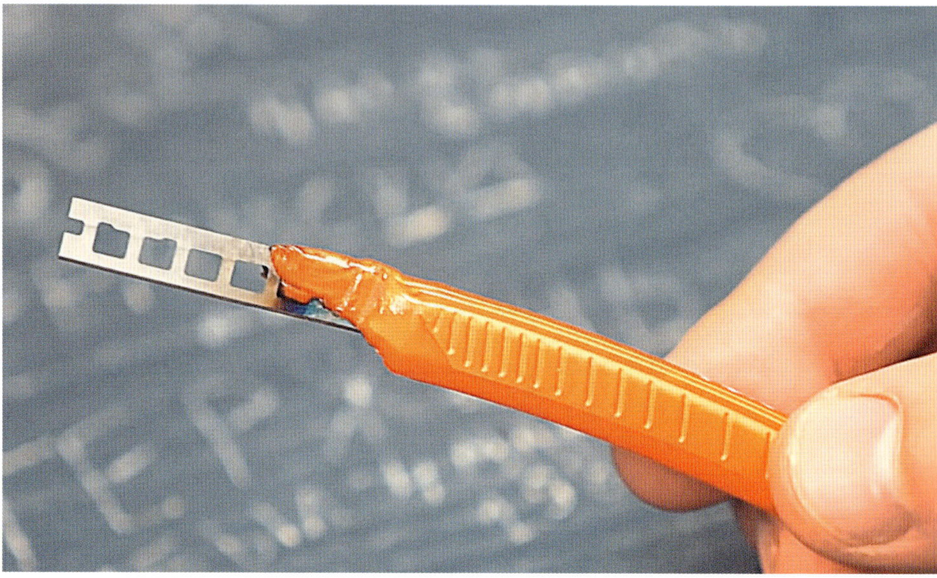

Schnitt- und Stichbehelf Marke Eigenbau

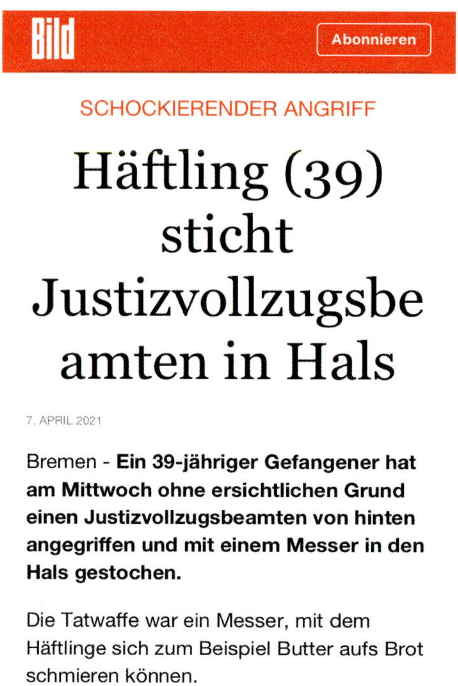

Bild Abonnieren

SCHOCKIERENDER ANGRIFF

Häftling (39) sticht Justizvollzugsbeamten in Hals

7. APRIL 2021

Bremen - **Ein 39-jähriger Gefangener hat am Mittwoch ohne ersichtlichen Grund einen Justizvollzugsbeamten von hinten angegriffen und mit einem Messer in den Hals gestochen.**

Die Tatwaffe war ein Messer, mit dem Häftlinge sich zum Beispiel Butter aufs Brot schmieren können.

Quelle: Bild Zeitung, 7. April 2021, https://www.bild.de/regional/bremen/bremen-aktuell/schockierender-angriff-haeftling-39-sticht-justizvollzugsbeamten-in-hals-75986880.bild.html

Wie bereits erwähnt, einem Bekannten wurde in einem Nachtclub einst mit einem abgeschlagenen Sektglas so in ein Auge gestochen, dass es entfernt werden musste.

Mit diesen mahnenden Vorfall und einem Zitat eines von mir geschätzten Experten (er ist wirklich einer!) möchte ich dieses Buch beschließen.

> **„Be a Hard Target!“**
> (Jim Wagner, Messerkampf- und Selbstschutzlegende aus den USA)

Aus unserem Programm

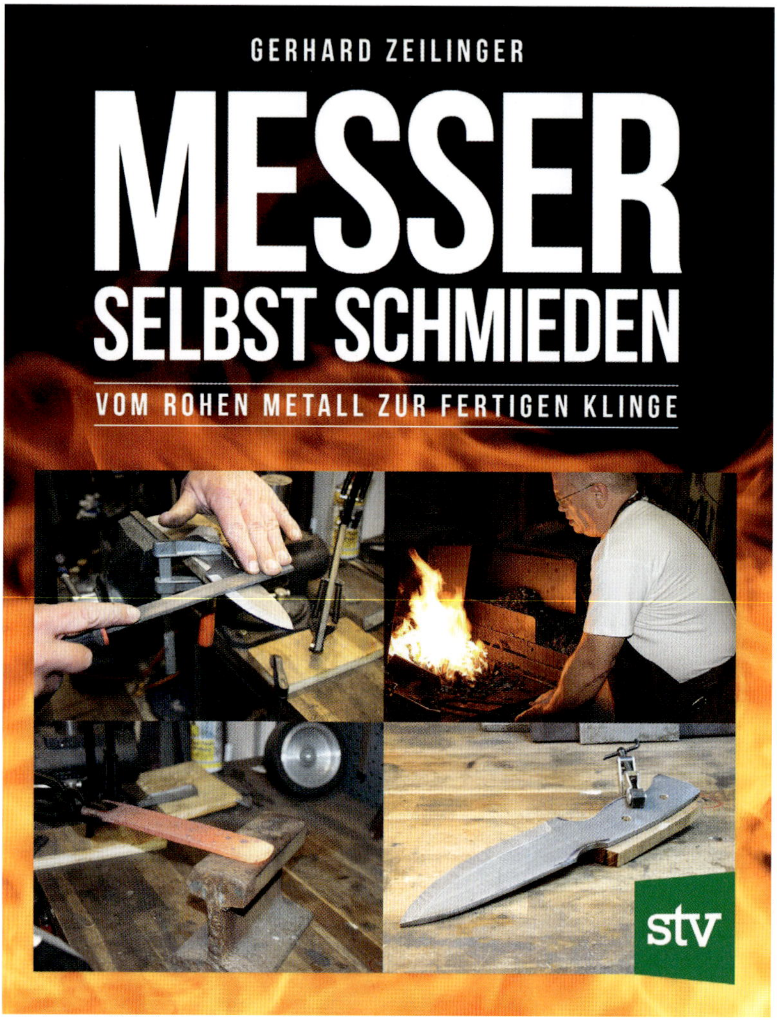

ISBN 978-3-7020-1950-1

Aus unserem Programm

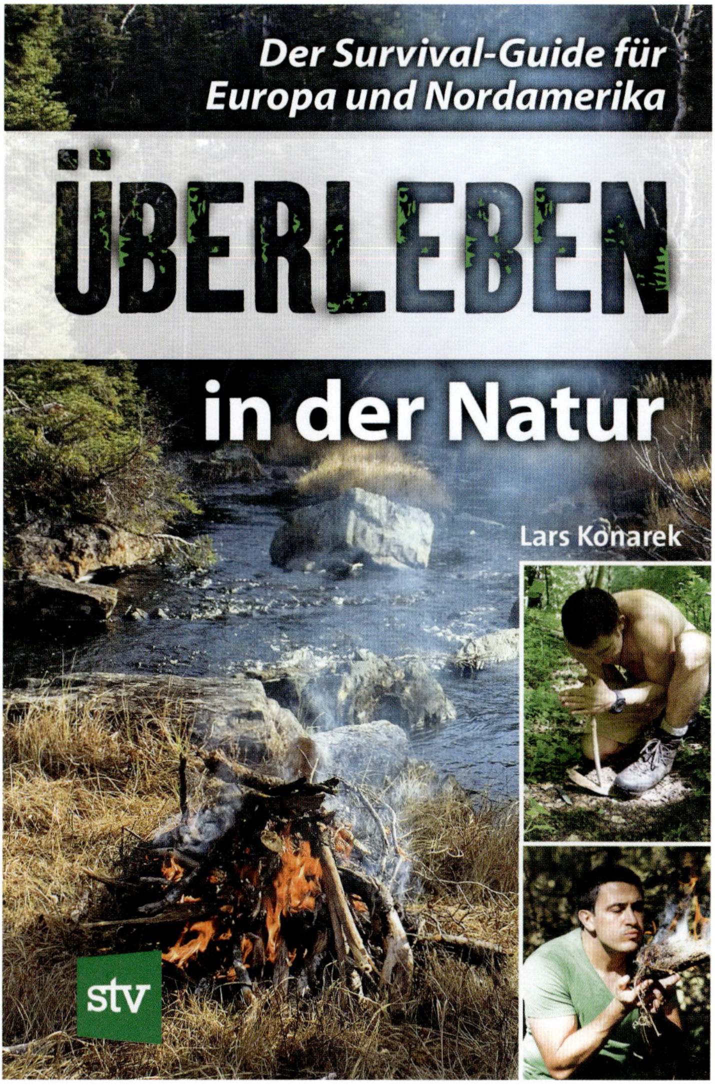

ISBN 978-3-7020-1390-5

Aus unserem Programm

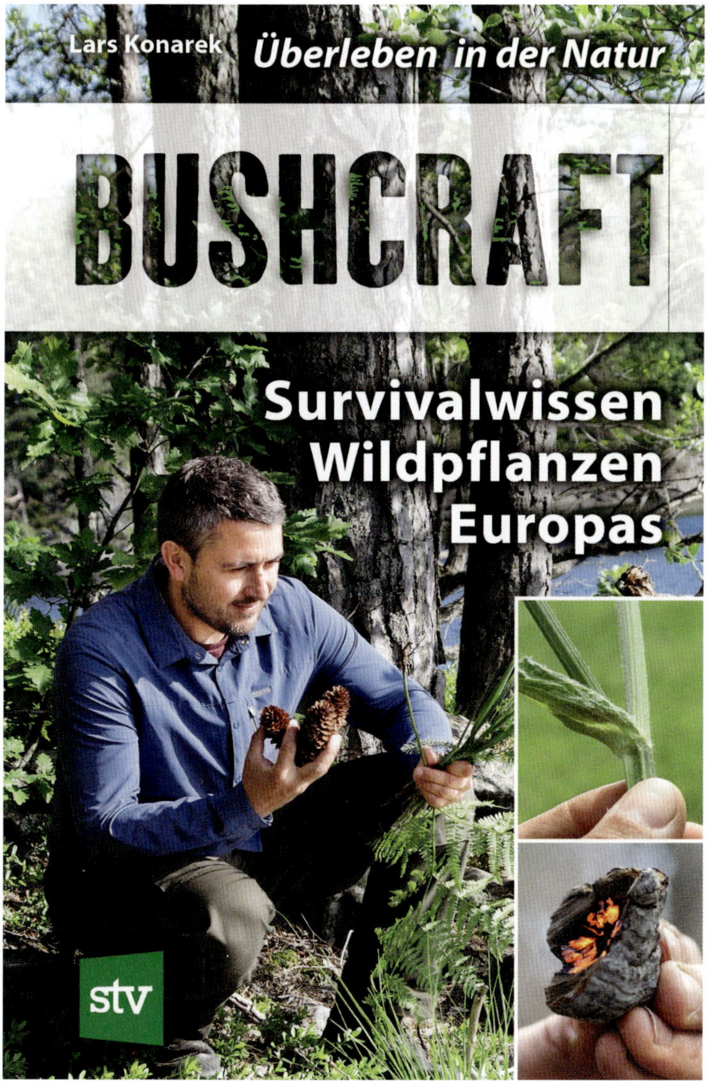

ISBN 978-3-7020-1616-6

Leopold Stocker Verlag
Graz – Stuttgart
www.stocker-verlag.com

Aus unserem Programm

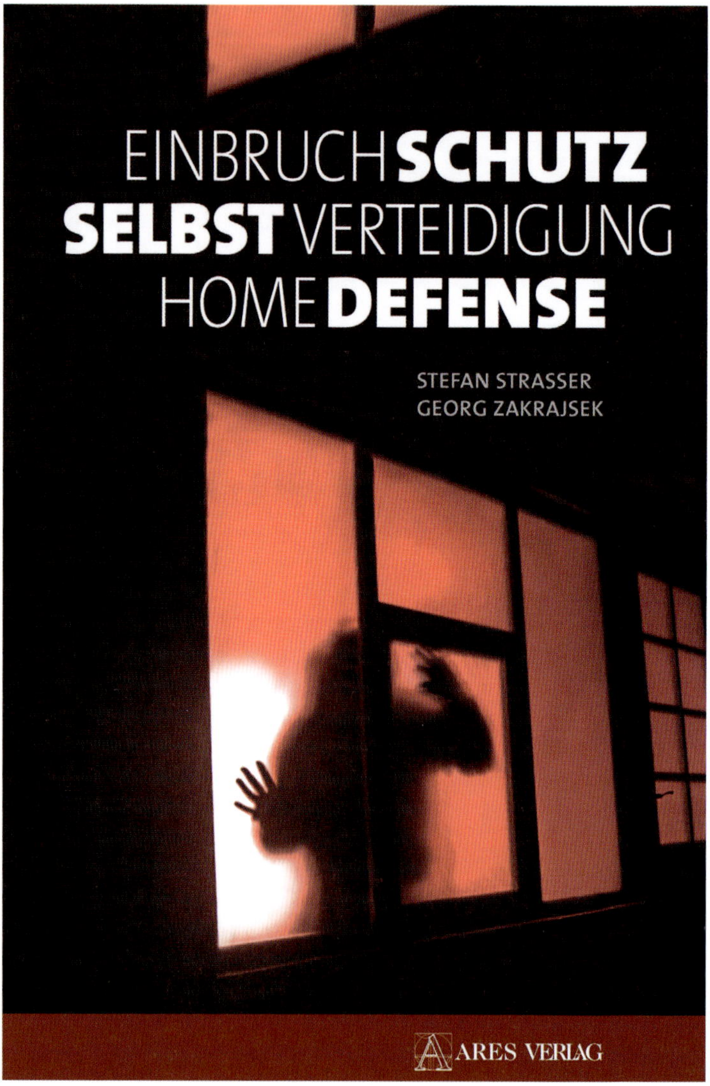

ISBN 978-3-902732-88-0

ARES Verlag
Graz – Stuttgart
www.ares-verlag.com